ERWIN M. RUPRECHTSBERGER

DIE GARAMANTEN

SONDERHEFTE DER ANTIKEN WELT

Zaberns Bildbände zur Archäologie

VERLAG PHILIPP VON ZABERN · GEGRÜNDET 1785 · MAINZ

ERWIN M. RUPRECHTSBERGER

Die Garamanten

GESCHICHTE UND KULTUR
EINES LIBYSCHEN VOLKES IN DER SAHARA

VERLAG PHILIPP VON ZABERN · MAINZ AM RHEIN

88 Seiten mit 46 Farb- und 80 Schwarzweißabbildungen

Umschlag: Wüstenlandschaft südlich von Ghat bei Fai Uad. Oberhalb der Bildmitte urgeschichtliches Grab mit Steinkranz.

Vorsatz: Ausschnitt aus einer Bilderfolge mit Fremdvölkerdarstellungen aus der ersten Grabkammer Sethos' I. im Tal der Könige: libysche «Temehu», gekennzeichnet durch Tätowierungen im Gesicht und am Körper, helle Hautfarbe, mitunter – wenn auch nur teilweise – blondes Haar und hellen Bart sowie blaue Augen (nach: Bilderwelten und Weltbilder der Pharaonen, Mainz 1995, Taf. S. 110).

Die Deutsche Bibliothek – CIP-Einheitsaufnahme

Die **Garamanten** / Erwin M. Ruprechtsberger. –
Mainz am Rhein : von Zabern, 1997
ISBN 3-8053-1544-9 (Zaberns Bildbände zur Archäologie)
ISBN 3-8053-1534-1 (Sonderhefte der Antiken Welt)

ISBN 3-8053-1544-9
ISBN 3-8053-1534-1 (Sonderhefte der Antiken Welt)
Satz: Typo-Service Mainz
Lithos: MWP GmbH, Wiesbaden

Printed in Germany by Philipp von Zabern
Printed on fade resistant and archival quality paper (PH 7 neutral)

Inhaltsverzeichnis

TUNISIA
Malta
Mediterranean Sea
Crete
Sabratha
Apollonia
Cyrene
Tripoli
Zuwarah
Homs
Zliten
Misurata
Jefara Plain
Nalut
Gharian
Tarhuna
Jadu
Jebel Nafusa
Tripolitania
Gulf of Sirte
Sirte
El-Marj
Sussa
Derna
Tocra
Beida
Benghazi
Jebel Akhdar
Al Abiyar
Tobruk
Ajdabiyah
El-Brega
Cyrenaica
Jaghbub
Ghadames
Augila
Libyan Desert
Brak
Sebha
Sarir
Ubari
Umm Al-Aranb
Murzuq
Fezzan
EGYPT
Ghat
Kufra
ALGERIA
NIGER
Höhen über 1000 m
Grenzen
Straßen
Tibesti Mts
CHAD
SUDAN
0
200
400 km

1

Vorwort

In der Reihe der nordafrikanischen Staaten erwies sich die Arabische Libysche Sozialistische Volks-Jamahiriya stets als ein von einer reichhaltigen Vergangenheit ausgezeichnetes Land, das seit den letzten Jahrhunderten Ziel verschiedener Machtinteressen geworden ist und in den Medien wiederholt Schlagzeilen gemacht hat. Bei Betrachtung der Tagespolitik wird im allgemeinen übersehen, daß dieses in jüngster Zeit nicht zur Ruhe kommende Land auf eine in Millennien zu bemessende Geschichte kultureller Entfaltung zurückblicken kann, in der ein libysches Volk gleichsam am Übergang von der schriftlosen zur historischen Zeit seinen festen Platz behauptet: die Garamanten. Der griechische Historiker und Reiseschriftsteller Herodot hat als erster über sie berichtet und führte ihren Namen in die abendländische Literatur ein. Sowohl Herodot als auch die gelegentlichen Erwähnungen späterer Dichter und Schriftsteller der Antike übermitteln ein Bild, das etwas Geheimnisumwobenes und Faszinierendes zugleich zu enthalten scheint. Erst in den letzten Jahrzehnten ist es italienischen, englischen und libyschen Forschern gelungen, die wenigen schriftlichen Nachrichten über die Garamanten durch eine gezielte Erschließung der materiellen Zeugnisse aufzuhellen: 1000 Kilometer von der Küste des Mittelmeeres entfernt im Herzen des Fezzans, mitten in der Sahara! Was die schriftliche Tradition einer Legende gleich über das Volk der Garamanten silhouettenhaft verzeichnete, steht einer Wirklichkeit gegenüber, die nachvollzogen und miterlebt werden kann – im Fezzan Libyens, der antiken Phazania. Die trotz der derzeit herrschenden Verhältnisse einmalige Chance, das Land der Garamanten erstmals besuchen zu dürfen, wird meinen Freunden Rudolf und Brigitte Agstner, damals Mitarbeiter der österreichischen Botschaft in Tripoli, verdankt, mit denen zusammen unvergeßliche Tage im Fezzan erlebt wurden. Sie ebneten auch die Wege zu den libyschen Behörden, die die Besuchs- und Fotografiererlaubnis gewährten. So sei dem damaligen Generaldirektor der libyschen Antikenverwaltung, Dr. Abdullah Shaebob, Mr. Abd el Kader Sherif, Controller of Fezzan, Department of Antiquities in Sebha, sowie Mr. Abu Bakr Sherif, Direktor des Museums von Germa, für die gastfreundliche Aufnahme in Germa auf diesem Weg nochmals herzlich gedankt. Im Gelände führten auf bewährte Weise Mr. Mohamed Carnafouda und Mr. Omar M. Roueiq. Sachdienliche Hinweise hat der Ausgräber der Garamantensiedlung auf dem Djebel Zinchecra, Mr. Charles M. Daniels, University of Newcastle-upon-Tyne, gegeben; Mr. Daniels gestattete dankenswerterweise auch die Übernahme von Plänen aus seinen Publikationen.

Durch die freundliche Vermittlung des libyschen Honorarkonsuls in Österreich, Herrn Dr. Günther Stanoniks, Salzburg, wurde mir eine weitere Exkursion in das Garamantenland ermöglicht, wo das Zweite Deutsche Fernsehen (ZDF) eine Dokumentation über dieses antike libysche Volk in der Reihe «Abenteuer und

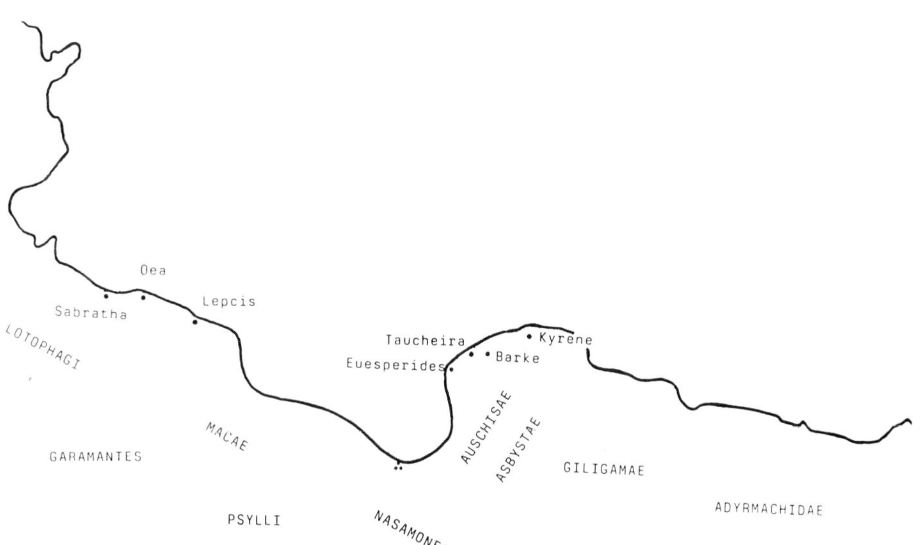

2

3

Abb. 1 Libyen/Arabisch-Libysche Sozialistische Volks-Jamahiriya (S.P.L.A.J.). Fläche 1 775 500 km². Abbildung nach R. L. Lawless, Libya, World Bibliographical Series 79 (Worcester 1987), 245.

Abb. 2 Libysche Völker nach Herodot und Skylax. Nach National Atlas of the Socialist People's Libyan Arab Jamahiriya (1977), 17.

Abb. 3 Libysche Stämme nach Diodorus Siculus und Strabo. Nach National Atlas (wie Abb. 2), 17.

4

5

6

Abb. 4 Felsmalerei aus dem Wadi Djerat, Tassili (Algerien). Länge ca. 150 cm. Rinderherde. In der Bildmitte Gespann und Wagenlenker. Pferdezeit (2./1. Jt. v. Chr.).

Abb. 5 Vier sich aufbäumende Pferde. Felsmalerei aus Ekatnoucher, Tassili (Algerien). Pferdezeit (2./1. Jt. v. Chr.). Breite ca. 70 cm.

Abb. 6 Die Ausläufer der Sanddünen nördlich des Wadis von Adschal in der Nähe von Brech. Im Bildhintergrund der Wadi von Adschal und die diesen im Süden begrenzenden Höhenrücken.

Abb. 7 Das Hafengelände von Leptis Magna. Östliche Mole mit Lagerräumen, Säulengängen, Tempel und hinten mit dem Semaphor. Am linken Bildrand der Wadi Lebdah.

Abb. 8 Das Tetrapylon von Oea/Tripolis, Südseite, das sich am Schnittpunkt von Kardo und Dekumanus befindet. Östlich davon beginnen die Souks, die in den letzten Jahren großzügig renoviert worden sind.

Abb. 9 Felsritzzeichnungen im Wadi Ancha'l im Akakus, Libyen. Die älteste Ritzung stellt eine Rinderzeichnung dar, innerhalb deren Dromedarreiter zu sehen sind. Am linken Bildrand eingeritzte Tifinaghzeichen.

Abb. 10 Blick vom Djebel Zinchecra auf den Wadi Adschal Richtung Osten. Hinten die Oase von Germa/Garama.

Legenden» erstellte. Die Projektleitung hatte Dr. Dieter Kronzucker, Chefproducer war Hermann Feicht, beide vom ZDF, Mainz. Die Erlaubnis zu den Dreharbeiten im März 1989 für die im Juni desselben Jahres ausgestrahlte Sendung gewährten die libyschen Behörden: das libysche Außenministerium, Abteilung für ausländische Presse und Information, das auch einen eigenen Begleiter samt geländegängigem Wagen zur Verfügung stellte, und die Generaldirektion der Antikenverwaltung, von der die Aufnahme- und Publikationserlaubnis historischer und archäologischer Stätten bereitwillig und prompt gegeben worden war. Diesen beiden Stellen gilt unser ganz besonderer Dank. Die gute und gedeihliche Zusammenarbeit mit den libyschen Behörden förderte über die sprachlichen Barrieren hinweg der deutsche Botschafter in Tripoli, Herr Dr. Jürgen Hellner, der sein besonderes Interesse an Libyen und dessen vielfältiger Geschichte durch seine Teilnahme an unseren Arbeiten im Fezzan bekundet hat. In Germa, dem antiken Garama, und in Ghat haben uns Vertreter des Museums und der Volkskomitees in einzigartig gastfreundlicher Weise aufgenommen und unterstützt. Freundlichkeit und Gastlichkeit, die uns in Libyen widerfuhren, werden unvergeßlich bleiben. Die Erlaubnis, Karten und Pläne aus seinen Veröffentlichungen übernehmen bzw. davon Neufassungen erstellen zu dürfen, wird Mr. Charles M. Daniels, University of Newcastle, verdankt. Die Herausgabe dieses Bandes konnte Charles nicht mehr erleben. Er ist unerwartet und allzu früh 1996 verstorben. Professor René Rebuffat, Direktor der französischen Ausgrabungsmission in Bu Ngem, hat Abbildungen von Bu Ngem freundlicherweise zur Verfügung gestellt. Den beiden Kollegen – Charles M. Daniels posthum – gilt mein herzlicher Dank.

Schließlich sei dem Verleger, Herrn Franz Rutzen, sowie Lothar Bache und Klaus Rob, die diese Arbeit im Verlag Philipp von Zabern betreut haben, und Frau Martha Habel, Linz, für die Reinschrift des Manuskriptes und Herrn Johann Matousek, Vermessungsamt-Magistrat der Landeshauptstadt Linz, für die vereinheitlichten Planfassungen gedankt.

7

8

9

10

Zur Geschichte der Garamanten

Herodots Bericht und die Sprache der Felsbilder

Der Name des ominösen Volkes der Garamanten taucht in der abendländischen Geschichtsschreibung zum ersten Mal im 5. Jh. v. Chr. auf, als der griechische Historienerzähler und Reiseschriftsteller Herodot im 4. Buch seines Werkes den Kriegszug des Statthalters von Ägypten, Aryandes, gegen Libyen und Kyrene schildert und in einem Exkurs auch auf die Völker Libyens zu sprechen kommt. Anders als heute verstanden die Alten damals unter Libyen (Abb. 1–3) das gesamte Nordafrika von Ägypten bis zu den «Säulen des Herakles», die die Meerenge zwischen Spanien und Marokko bezeichnen und uns unter dem jetzigen Namen «Straße von Gibraltar» geläufig sind. Die persische Herrschaft erstreckte sich Ende des 6. Jhs. v. Chr. über Ägypten und im Westen bis zur Kyrenaika, gegen die der vom Perserkönig Kambyses eingesetzte Satrap Aryandes von Ägypten aus ein Heer schickte, um – wie Herodot meinte – Libyen zu unterwerfen. Eine Auseinandersetzung zwischen den griechischen Gründungen Barka und Kyrene, die mit dem Mord an König Arkesilaos in Barka eskalierte, lieferte dem Satrapen einen erwünschten Grund, um auf die Bitte der Mutter des Ermordeten, Pheretime, die Tat nicht ungerächt zu lassen, ein Heer gegen Barka zu schicken und bei dieser Gelegenheit Libyen zu unterwerfen. Von den verschiedenartigen Volksstämmen Libyens waren nur wenige dem Perserkönig Dareios untertan, der Großteil kümmerte sich nicht um ihn, bei der Weite des Landes nicht verwunderlich.

Im auf diese Schilderungen folgenden Katalog zählt Herodot die libyschen Völker der Reihe nach von Osten nach Westen auf und erwähnt dabei deren prägnanteste Eigenheiten. Um das geographische Bild anhand konkreter Fixpunkte dem Leser vorzustellen, führt Herodot außer den Landschaften auch die Namen von Städten an, etwa Kyrene, Barka, Teuchira, Euhesperides/Benghazi. Augila, eine wichtige Durchzugsoase auf der West-Ost-Verbindung über die Oase Siwa, wird als Sommeraufenthaltsgebiet der Nasamonen bezeichnet, die dort Datteln ernteten[1], während sie ihre Herden an der Küste um Euhesperides (heute Benghazi) zurückließen (Abb. 2, 3). An die Nasamonen schlossen die Psyller an, denen durch die unwirtliche Natur zwischen Großer und Kleiner Syrte die Lebensgrundlage entzogen wurde.[2] Landeinwärts, also südlich dieses Gebietes, wohnten die Garamanten, die als menschenscheu, kriegs- und verteidigungsunfähig charakterisiert werden (Abb. 2, 3). Gindanen, Lotophagen, Machlyer und Auseer – die beiden letzteren schon auf heutigem westlibyschem bzw. südtunesischem Territorium lokalisierbar – sind die übrigen Nomadenvölker, die nach Herodot entlang der Küste wohnten.[3] Südlich davon aber liegen ein an Wildtieren reiches Gebiet und dahinter die Hügel der unendlichen Sandwüste, die sich von Ägypten bis zu den «Säulen des Herakles» erstreckt.[4] In ihr lebten die Ammonier, deren Zentrum das Ammonsheiligtum bildete, und zehn Tagesreisen von Augila entfernt die Garamanten, in deren Gebiet Früchte tragende Palmen standen.[5] Herodot qualifiziert die Garamanten als ein sehr starkes Volk, das den salzhaltigen Boden mit Erde bedeckte, um darauf Getreide anbauen zu können. Außerdem besaßen sie ganz merkwürdige Rinder, deren nach vorn gebogenes Gehörn die Tiere zwang, nur im Rückwärtsgehen zu weiden, damit ein Steckenbleiben im Boden vermieden werde.[6] Die Garamanten jagten, so erzählt Herodot, in vierspännigen Wagen die in Höhlen wohnenden Äthiopier, deren Sprache keiner anderen glich.

Die Garamanten werden demnach als Bauern und Viehzüchter beschrieben, die die Fertigkeit besaßen, mit dem vierspännigen Wagen zu fahren. Gerade in dieser Beziehung bewunderte der Schriftsteller die Libyer, deren Geschicklichkeit den Griechen zum Vorbild wurde: «*Sie (die Griechen) haben nämlich von den Libyern gelernt, vier Pferde anzuspannen*»[7] (vgl. Abb. 13).

Mag nun die eine oder andere von Herodot berichtete Einzelheit allzu phan-

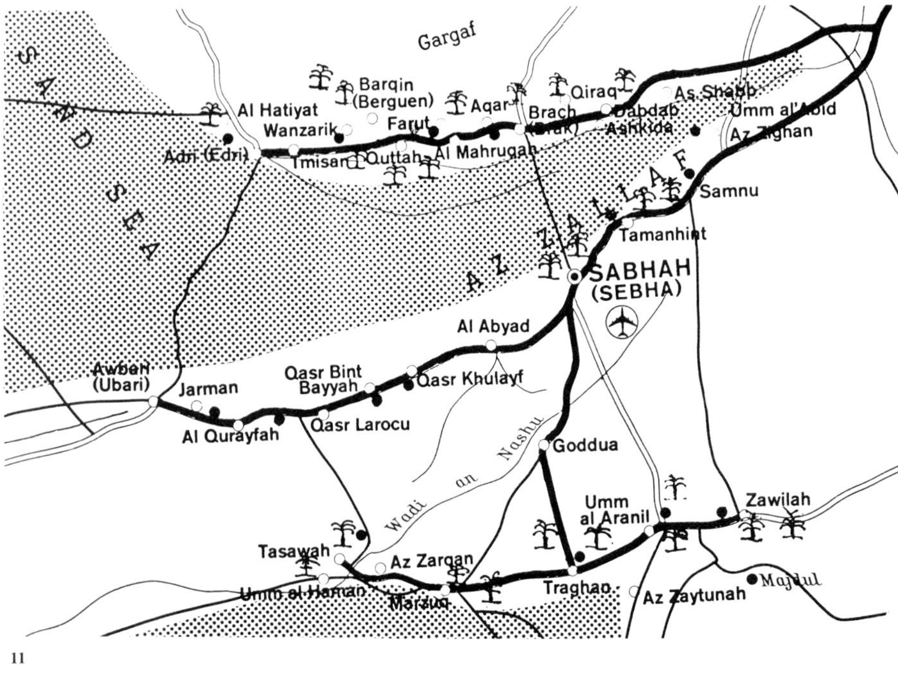

11

Abb. 11 Der Fezzan zwischen Wadi Esch Shati und el-Adschal. Nach Road Map of Libya (Genova 1982).

Abb. 12 Wadi el-Adschal zwischen Ubari und el Abiad. Nach C. M. Daniels, Garamantian excavations: Lib Ant 5 (1968) 116 Fig. 2.

Abb. 13 Pferdegespann in fliegendem Galopp und Wagenlenker. Zeichnung nach einer Felsmalerei in Tamadjert, Tassili (Algerien). Pferdezeit (2./1. Jt. v. Chr.).

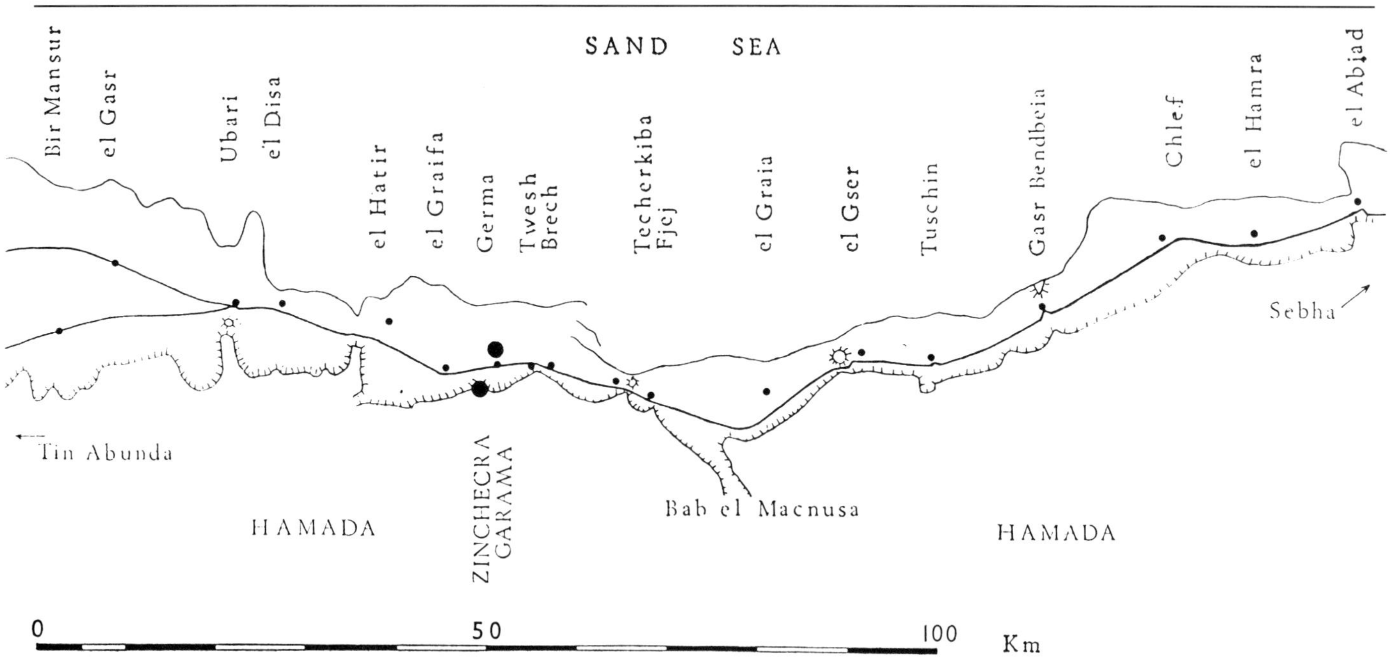

12

tastisch erscheinen, darf dennoch nicht übersehen werden, daß viel von ihm Beschriebenes auf eigenen Erkundigungen und Recherchen und auf Autopsie beruhte, so daß ein historischer Anspruch, von ihm auch immer wieder zum Ausdruck gebracht, oftmals zu bestehen vermag. Die Lokalisierung der libyschen Völker kann als durchaus glaubwürdig übernommen werden, da die im Text genannten geographischen Örtlichkeiten eine – wenngleich da und dort vielleicht nicht ganz so präzise – Vorstellung vermitteln, so etwa hinsichtlich des Aufenthaltsgebietes der Garamanten, das von einem Fixpunkt aus (nämlich Augila) in zehn Tagesreisen erreicht wird. Legt man der Berechnung ein Tagespensum von ca. 50 zurückgelegten Kilometern zugrunde, wäre die luftlinienmäßige Entfernung in Richtung Fezzan, der als das Zentrum des Garamantenlandes betrachtet wird, nicht mehr unüberwindbar.[8] Lediglich der zuerst erwähnte friedliebende Charakter der Garamanten[9], die keine Kriegswaffen kannten, verträgt sich nicht mit den gegen die äthiopischen Höhlenbewohner gerichteten Aktivitäten[10], die kaum anders denn als feindliche Auseinandersetzungen verstanden werden können. Vielleicht liegt hier ein Mißverständnis des Schriftstellers vor, wie man einmal gemeint hat.[11] Die Bezeichnung Äthiopier ersetzt gewissermaßen den Namen einer dunkelhäutigen negroiden Bevölkerung, deren kulturelles Erscheinungsbild sich im saharischen Neolithikum sudanesischer Prägung von jenem des vom Mittelmeerraum beeinflußten *Capsa-Horizontes* – benannt nach der südtunesischen Stadt Gafsa/Capsa[12] – etwa entlang des 27. Grades nördlicher Breite abheben läßt.

Seitdem die Bedeutung der Sahara und der zentralafrikanischen Länder für die Felsbildforschung in den letzten 50 Jahren durch eine besonders intensive wissenschaftliche Tätigkeit in außerordentlicher Weise aufgewertet worden ist und dadurch ein aufschlußreiches Dokumentationsmaterial großen Quellenwertes zur Verfügung steht, bietet sich eine Möglichkeit, den Bericht Herodots über die Garamanten mittels der bildlichen Aussagen einer Sichtung zu unterziehen.[13] Als Grundlage hierfür können viele Felsbilder herangezogen werden, die in Wadis des Fezzans und im Tassili-Gebirge aufgenommen und von den Prähistorikern der Pferdezeit zugeordnet wurden.[14] Diese, benannt nach dem von den Felsbildermalern bevorzugten Motiv, dem Pferd, datiert in das 2.–1. Jt. v. Chr. und entspräche im mitteleuropäischen Chronologiesystem der Bronze- bzw. Eisenzeit[15] (Abb. 5, 13, 39). Die prähistorische Forschung machte Gründe namhaft, wonach gegen Ende des 2. Jts. v. Chr. Völker mediterraner Zugehörigkeit von der libyschen Mittelmeerküste in Richtung Zentralsahara mit Pferd und Streitwagen vordrangen und dort ihre Wohnsitze errichteten, nachdem sie die dort siedelnde negroide Bevölkerung vertrieben hatten.

Vom Fezzan aus verbreitete sich die «Pferdekultur» nach Südwesten und Süden, in das Tassili-n-Ajjer- und Ahaggar-Bergmassiv, wo sie zahlreiche Bilder auf Felswänden als Dokumente ihrer Träger hinterlassen hat.[16] Die neolithische

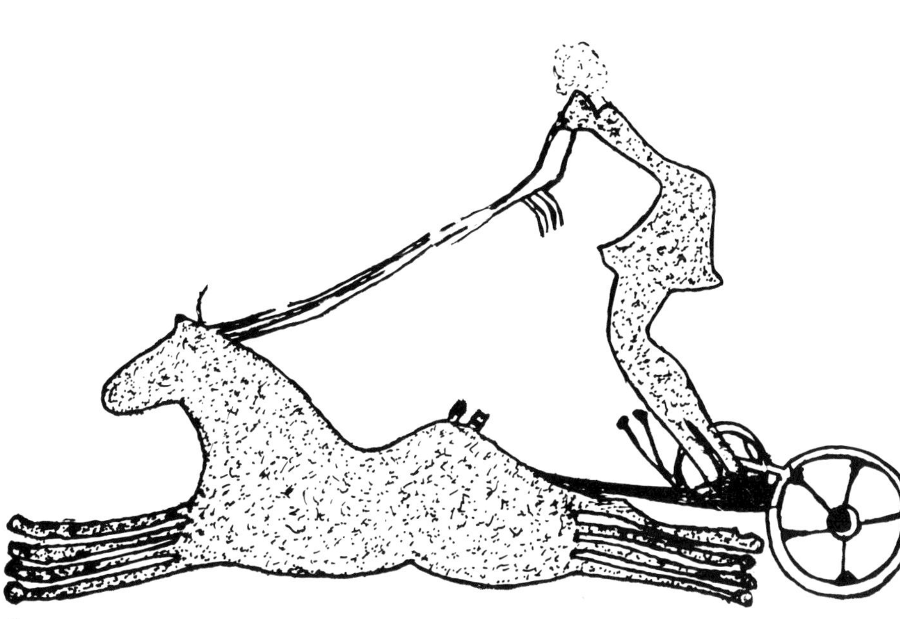

13

14

15

16

Tradition weiterführende Malerei entfaltet sich meist flächig, wobei Brauntöne überwiegen. Drei aus dem dokumentierten Material ausgewählte Bilder mögen den von Herodot geschilderten Sachverhalt illustrieren. Zunächst einmal eine Szene aus dem Wadi Djerat im Tassili[17], auf der eine Rinderherde abgebildet ist (Abb. 4); die Tiere sind entweder flächig dargestellt oder in mehr oder weniger kräftigen Umrißlinien oder -flächen erfaßt. Inmitten der Herde sieht man einen Schachtbrunnen, aus dem von zwei Menschen ein Wassergefäß heraufgezogen wird. Neben dem Brunnen steht ein größeres bottichartiges Gefäß, aus dem ein Rind säuft. Außerdem zeigt die Szene noch zwei Bilder von Wagen. Ein Pferdegespann nähert sich der Herde im fliegenden Galopp, während ein Rindergespann, nicht nur vom Wagenlenker, sondern auch von einem Gespannführer dirigiert, im Schrittempo vier Rindern folgt. Der Wagen hat zwei Räder, deren Speichen deutlich eingezeichnet sind.[18] Der Wagenkorb muß ziemlich klein gewesen sein und bot gerade soviel Platz, daß eine Person darin stehen konnte. Die den Felsbildern ablesbaren Einzelheiten haben schließlich die Vorlage zur Rekonstruktion und Ausrüstung eines derartigen Wagens und des Zaumzeugs geliefert, der von einem französischen Fachmann nachgebaut wurde.[19] Wagendarstellungen und deren in der Fachliteratur beschriebene Einordnung hat A. Muzzolini in mehreren Arbeiten genau untersucht, indem er die Pferdebilder im Tassili-, Akakus- und Hoggargebirge einer jüngeren Stufe ab dem mittleren 1. Jt. v. Chr. zuweist und sie – im Gegensatz zu Herodots Behauptung – in Abhängigkeit vom griechischen Einfluß aus der Kyrenaika sieht.[20]

Manche der gemalten Rinder tragen ein überdurchschnittlich hohes Gehörn, so daß man sich unwillkürlich an die kuriose Eigenheit garamantischer Rinder mit ihren abwärts gebogenen Hörnern erinnert fühlt.[21] Tatsächlich ist nun unter den Umzeichnungen von Rinderdarstellungen auf Felsbildern eine Gehörnform nachgewiesen, die – etwas verlängert – der von Herodot beschriebenen gleicht.[22] Daß daraus natürlich kein Beweis für das Rückwärtslaufen der von der Natur so ausgestatteten Tiere erwächst, braucht ja nicht betont zu werden; das bildliche Zeugnis legt jedoch nahe, daß die als Herdenbesitzer beschriebenen Garamanten durchaus auch eine Rindergattung gezüchtet haben könnten, deren Besonderheit eben in dem nach vorn gebogenen Gehörn lag.

Das zweite Zeugnis aus dem Tassili[23] überliefert das Bild eines Pferdegespannes, das – einen zweirädrigen Wagen mit Lenker ziehend – in fliegendem Galopp dahinrast (Abb. 13). Die in derselben Bildebene flächig dargestellten Pferdeleiber heben sich durch eine geringfügige Farbnuance voneinander ab, während die Beinpaare vom Maler parallel angeordnet in das Bildfeld projiziert wurden. Der mit gebeugten Knien und abgewinkeltem Oberkörper auf dem zweirädrigen Wagen stehende Lenker konzentriert sich, die vier Zügelenden in den Händen hal-

***Abb. 14** Der «Mutter des Wassers» genannte Wüstensee in der Nähe der Oase von Mandara im Sandmeer zwischen Wadi Adschal und Schiati.*

***Abb. 15** Die Festung innerhalb von Alt-Germa. Blick in Richtung Westen.*

***Abb. 16** Aufnahme des Hauses Nr. 1 im Plan Abb. 28. Blick in Richtung Osten (vgl. Abb. 29). Im Hintergrund die Abhänge südlich des Wadis von Adschal.*

17

tend, ganz auf die rasende Fahrt, die ihm Aufmerksamkeit und höchste Körperbeherrschung – diese spiegelt sich in der elastischen und federnden Haltung wider – abverlangt.

Zuletzt noch zu einem Bild, das die Kunst der Garamanten, sogar vierspännige Wagen zu lenken – eine Kunst, die sich die Griechen schließlich von den Libyern abschauten[24] –, in sprechender Weise kommentiert (Abb. 5): vier in rotbraunen Konturen auf Stein umrissene Pferde, deren sich überschneidende Körper eine räumliche Tiefenwirkung hervorrufen, die dem ausführenden Künstler in demselben Maße wie die sichere Linienführung der skizzenhaft flüchtigen und der natürlichen Bewegung dennoch genau nachempfundenen Zeichnung der Tierleiber ein beachtliches und ein verglichen mit anderen Malereien derselben Periode außergewöhnliches bildnerisches Niveau zubilligen.[25] Diese Quadriga zieht einen Wagen, von dem nur mehr ein Rad zu sehen ist.

Weitere Nachrichten über die Garamanten

Nachdem durch die bildlichen Zeugnisse das kulturelle und zeitliche Umfeld der Garamanten des 1. Jts. v. Chr. Konturen

18

19

erhalten hat, sollen im folgenden Überblick die Nachrichten der antiken Autoren gestreift werden, von denen der Name Garamanten in der wohl überwiegenden Anzahl als ein Paradebeispiel für ein vom damaligen Weltzentrum weit entferntes, am Rand der Welt befindliches Volk zitiert wurde. Außer Herodot liefert kein griechischer Autor eine Information, und des hellenistischen Dichters Apollonios aus dem 3. Jh. v. Chr. überkommener Hinweis auf die mythische Figur des Garama[26], des Sohnes der Akakallis und des Phoibos Apollon, darf als Äußerung gelehrter alexandrinischer Mythendeutung und Auslegung verstanden werden, die sich nach einer Notiz des Scholiasten auf den angeblichen Stammvater der Garamanten bezieht.[27]

Die späteste Nachricht hellenistischen Schrifttums verdanken wir Strabon, der – wie seinerzeit Herodot – viele Auskünfte während seiner Reisen in die Länder des östlichen Mittelmeerraumes eingeholt und in seinem Werk «*Geographika*» verarbeitet hat. In seiner landschaftsbezogenen Gliederung Nordafrikas nennt Strabon im Anschluß an die am weitesten im Süden befindlichen Äthiopier die Garamanten, Pharousioi und Nigrites, nicht ohne vorher betont zu haben, daß seinem Bericht keine zuverlässigen Nachrichten zugrunde lägen, wäre es doch nur ganz wenigen gelungen, in diese unbekannten Ländereien vorzustoßen.[28] Sobald er sich auf Vorarbeiten und Berichte anderer Autoren berufen

20

***Abb. 17** Ras al-Ghul. Markante Erhebung mit Befestigungsanlage einige Kilometer von Ghadames entfernt. Möglicherweise befand sich an dieser Stelle, verborgen unter späterem Mauerwerk, eine antike Höhensiedlung oder ein Burgus, von wo aus die nach Ghadames führenden Routen von weitem eingesehen und kontrolliert werden konnten. Aufnahme in Richtung Norden.*

***Abb. 18** Die Stadt Ghadames, die sich über dem antiken Cydamus erhebt. Blick auf einen Abschnitt der Stadtmauer von Ghadames.*

***Abb. 19** Einer der überdeckten Gänge von Ghadames nahe der Stadtmauer.*

***Abb. 20** Arkaden mit darin einbezogenen römerzeitlichen Säulenstücken und Kapitellen. Hinter den Bögen – im Bild nicht mehr sichtbar – fließt das Wasser in einem Kanal, das Ghadames versorgt. Die Stelle liegt nahe dem Eingang in die Altstadt in unmittelbarer Nähe einer sehr alten Moschee (12. Jh.).*

kann – darunter auch auf den berühmten Poseidonios –, macht Strabon genauere Angaben: So seien die Garamanten, die südlichen Nachbarn der Gätuler, von den dem Meer benachbarten Äthiopiern neunzehn, von der Ammonsoase aber nur fünfzehn Tagesmärsche[29] entfernt, was von der von Herodot erwähnten Distanz

21

22

23

nicht wesentlich abweicht (vgl. Abb. 3).[30] Von der Syrte und der (westlichen) Kyrenaika als landschaftlichen Fixpunkten ausgehend, werden in nord-südlicher Reihung zuerst die Nasamonen, dann die Psylloi und Gätuler und schließlich die Garamanten aufgezählt[31], deren Land als unbewohnt bezeichnet wird. Allerdings wachse dort in einem engen bis ovalen und ziemlich trockenen Gebiet von tausend Stadien Länge in Richtung Osten und von ungefähr 300 Stadien Breite Silphion.[32] Dieses als Arznei- und Heilmittel verwendete, ca. 30 cm hohe Gewächs, das den Königen von Kyrene im 6. bis 5. Jh. v. Chr. ihren großen Reichtum sicherte, war zur Zeit Strabons beinahe schon ausgestorben.[33] Seit Jahren bemühen sich Forscher verschiedener Disziplinen, diese auf Münzen, Statuetten und einer schwarzfigurigen Schale abgebildete Pflanze botanisch zu bestimmen.[34] Aus der Stelle läßt sich die Vermutung ableiten, daß die Garamanten als Lieferanten von Silphion in Frage kamen. Schon vorher war von «karthagischen Steinen» die Rede, die vom Land der Garamanten bezogen wurden und offensichtlich von der punisch-libyschen Bevölkerung, die durch die Verwendung des Adjektivs «karthagisch» direkt angesprochen ist, und dann von den Römern besonders geschätzt worden sind.[35] Nach einer Bemerkung des älteren Plinius, dessen Land und Leuten Nordafrikas gewidmeter Exkurs noch kommentiert werden soll (siehe S. 19 ff.), bestanden Handelsverbindungen mit den Troglodyten, die Edelsteine mit dem Namen *Carbunculi* aus Äthiopien auf den Markt brachten.[36] Mehrere Zeilen später liest man vom Mons Gyri, dem Berg des Ringes, aus dessen Namen Plinius auf das Vorkommen von Edelsteinen schließt.[37] Der genannte Berg wurde unlängst versuchsweise identifiziert.[38]

Der Eroberungszug des Cornelius Balbus

Die Geschichte des Garamantenvolkes liegt bis auf wenige Abschnitte im dunkeln. Dieses aufzuhellen wird nur durch einige spärliche Nachrichten ermöglicht, die römische Historiker oder Schriftsteller beiläufig mitteilen. Am umfassendsten informiert der ältere Plinius, der sich im fünften Buch seiner Naturgeschichte in den Kapiteln 34–38 mit der Kyrenaika näher befaßt. Er beginnt seine Ausführungen nach dem auch von Herodot und Strabon angewandten Schema, nach Nennung der wichtigsten Städte der

Kyrenaika die verschiedenen Völkerschaften von Norden in Richtung Süden zu reihen, indem er zunächst die Nasamonen im Syrtenbereich – sie wurden von den Griechen Mesammonen genannt[39] –, dann die Asbyten und Macae, jenseits dieser die Amantes, die elf Tagesreisen von der Großen Syrte nach Westen hin entfernt und von Sand umgeben sind, und schließlich die Landschaft Phazania anführt (vgl. Abb. 1, 11, 12). Erst jenseits eines gewaltigen Bergmassivs lägen Wüste und dann die Garamantenstädte Methelge und Debris. Mit dieser Stadt ist übrigens ein «Wasserwunder» verknüpft, von dem wir bereits bei Herodot[40] lesen, ohne daß aus den beiden Berichten lokale Identität abzuleiten wäre.[41] In Debris gäbe es eine Quelle, die von Mittag bis Mitternacht kochendes und ebenso viele Stunden eiskaltes Wasser führe. Diese Stelle mag auch Augustinus vor Augen geschwebt haben, wenn er die Quelle im Garamantenland ansiedelt.[42] Die Hauptstadt der Garamanten namens Garama bezeichnet Plinius als sehr berühmt.

In den geographischen Teil seiner Ausführungen ist der Kurzbericht über ein Ereignis eingefügt, dessen Vorgeschichte unerwähnt bleibt, da deren Kenntnis beim Leser wohl vorausgesetzt wird: Der Triumphzug des Cornelius Balbus. Dieser stammte aus dem spanischen Gades. Zusammen mit seinem Vater und Oheim hatte er das römische Bürgerrecht erhalten. Als Parteigänger Cäsars ergriff er die Ämterlaufbahn, die nicht immer untadelig gewesen sein wird.[43] Als Statthalter[44] der von Cäsar gegründeten Provinz *Africa Proconsularis* unternahm er 21/20 v. Chr. einen Feldzug gegen die Garamanten, dessen erfolgreichen Abschluß er – als einziger Ausländer und Nichtrömer von Geburt, wie es Plinius bewundernd ausdrückte[45] – mit dem Triumphzug krönen durfte.[46] Die enorme Leistung des Cornelius Balbus ist durch die Behauptung zusätzlich unterstrichen, daß «*der Weg zu den Garamanten bislang nicht begehbar war, da Räuber dieses Volkes die Brunnen, die man nicht tief zu graben braucht, falls man Ortskenntnisse hat, mit Sand bedecken*».[47]

Die eindrucksvolle Liste der aufgezählten Städte und Stämme, deren Bilder Cornelius Balbus im Triumphzug mitführte, verdeutlicht das Ausmaß der kriegerischen Unternehmung, die gewiß in bestimmter Absicht und nicht aus purer Aggressionslust erfolgt ist. Die Notiz des Plinius, daß am Mons Gyri Edelsteine vorkämen, könnte vielleicht als versteckter Hinweis auf römisches Interesse gedeutet werden, das sich nicht allein auf die Ausbeute an Bodenschätzen, sondern auch auf andere in Phazania und darüber hinaus erhoffte Reichtümer und auf die Kontrolle der Fernhandelswege in das Innere des afrikanischen Kontinents richtete. Die Kunde von räuberischen Garamanten, die die Brunnen entlang der

24

***Abb. 21** Der Djebel Zinchecra vom Westen aus aufgenommen.*

***Abb. 22** Im Inneren der Festung von Alt-Germa, deren Außenmauern noch meterhoch erhalten sind.*

***Abb. 23** Haus Nr. 3 (vgl. Plan Abb. 36, 51) am Südabhang des Djebel Zinchecra.*

***Abb. 24** Felszeichnungen unterhalb des Djebelplateaus: Darstellung einer Giraffe und – an der Bruchkante des Felsens – eines kleineren Tieres.*

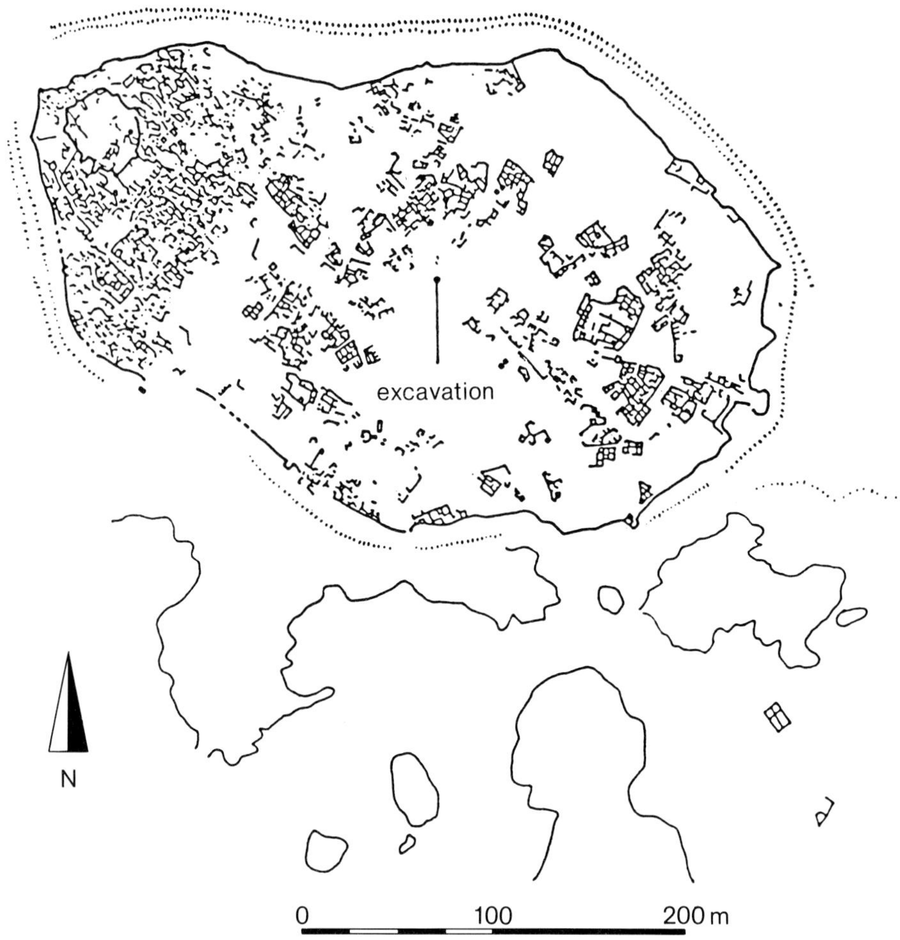

25

Karawanenwege mit Sand unbrauchbar gemacht haben sollen, hätte Cornelius Balbus schließlich den Anlaß geliefert, in kriegerischer Absicht gegen jenes Volk zu ziehen, das offenbar versuchte, seine eigenen Handelsinteressen zu wahren, ohne in Rom um Erlaubnis nachgesucht zu haben. Wie dem auch sei: über Mutmaßungen kommen wir nicht hinaus. Diese betreffen in demselben Maße auch den Umfang der militärischen Aktion, der durch die Präsentation der Bilder folgender Städte und «Nationen» im Triumphzug vergegenwärtigt werden sollte. Es waren dies: das oppidum Tabudium, Niteris natio, Miglis Gemella oppidum, Bubeium natio vel oppidum, Enipi natio, Thuben oppidum, mons nomine Niger, Nitibrum natio, Rapsa oppidum, Viscera natio, Decri oppidum, flumen Nathabur, Thapsagum oppidum, Tamiagi natio, Boin oppidum, Pege oppidum, flumen Dasibari, oppida continua Baracum, Buluba, Alasit, Galsa, Balla, Maxalla, Cizania und mons Gyri. Verständlicherweise stellte dieser Katalog eine Herausforderung an die Gelehrten der althistorischen und archäologischen Disziplin dar, die im Text aufgezählten *oppida, nationes* und wenigen geographischen Örtlichkeiten im heutigen Kartenbild zu fixieren. Von mehreren Versuchen in dieser Richtung, auf die im einzelnen nicht eingegangen werden kann, seien bloß drei überblicksmäßig zusammengefaßt und kurz dargestellt.

Der bekannte französische Forscher Henri Lhote[48] hat sich 1954 mit dem Plinius-Text beschäftigt und den Zug des Cornelius Balbus bis zum Tassili-n-Ajjer, Ahaggar und Adrar bis zum Niger gelangen lassen, gestützt auf die Erwähnung der *oppida* Alasi und Galsa, die er mit Ilezi am Beginn des Ahaggar und mit Abalessa[49] identifizierte. Abalessa bei Tamanrasset in Südalgerien ist als Fundort der als sogenanntes «Grab der Tin Hinan» aus dem 4. Jh. n. Chr. verwendeten Anlage bekannt und markiert wohl den südlichsten Punkt in der Landkarte, an dem ein geschlossenes Beigabenensemble aus römischer Zeit zum Vorschein kam.[50] Im Fluß Dasibari sah Lhote den Niger. Schon allein die geographische Ausdehnung über Tausende von Kilometern, die Cornelius Balbus mit seinen Leuten durchmessen haben müßte – unter Bedingungen, deren Bewältigung ohne den Einsatz maschineller Mittel nicht vorstellbar wäre –, spricht gegen den Vorschlag Lhotes.

Diese «Maximalversion» wurde dann von einem der Ausgräber im Fezzan, dem libyschen Archäologen M. S. Ayoub, in ähnlicher Weise wie schon früher vom italienischen Expeditionsmitglied Biagio Pace 1937[51], eingeschränkt, der als hauptsächlichen Kriegsschauplatz eben den Fezzan in Anspruch nahm (vgl. Abb. 1, 11). Nach der Auffassung von M. S. Ayoub trat Cornelius Balbus zusammen mit einer kleinen mobilen Einsatztruppe – bestehend aus Reitern und Wagenfahrern – seinen Zug von Sabratha aus an und eroberte Cydamus (Abb. 1, 18–20). Anschließend durchquerte er die Wüste, gelangte zum Wadi el-Shatti und zu den heißen Quellen von Debris. Nach Überquerung der Sanddünen von Ubari (Abb. 1, 11, 12) tauchte er überraschend in Germa (Garama) auf und nahm es ein (Abb. 25–33). Von hier zog er ostwärts durch das Tal von Adschal (Wadi el-Aggial/Adschal) (Abb. 11, 12, 44, 63) nach Sebha, um dann nach Norden durch Zizam in der östlichen Tripolitania in Richtung Maxalla (Messalata) und Leptis Magna abzuschwenken[52] (Abb. 1, 7).

Lhotes Aufsatz hatte kurze Zeit nach der Veröffentlichung die Kritik Jehan Desanges' hervorgerufen[53], aus dessen Feder die jüngste und umfassendste Stellungnahme zur Balbusexpedition im Kommentar zum fünften Buch der Naturgeschichte des Plinius erschienen ist.[54] Von den 25 von Plinius überlieferten Örtlichkeiten konnte der überwiegende Teil, nämlich 16, nicht lokalisiert werden, einige sind aufgrund ähnlich oder fast gleich klingender Namen auf Hinweise in anderen Schriftquellen, etwa in der *Notitia dignitatum*, versuchsweise bezogen worden, während der spärliche Rest bekannten Orten zugeordnet wurde.[55] Demnach verblieben als Fixpunkte innerhalb eines weitmaschig gezogenen geographischen Netzes die Orte Tabudium oppidum, Tuben oppidum und Baracum, die gleichsam die äußersten Pole des von Cornelius Balbus zurückgelegten Weges gebildet hätten. Während nämlich Tabudium nach übereinstimmender Meinung der Gelehrten mit Thabudeos (Thouda)

***Abb. 25** Plan von Alt-Germa. Nach C. M. Daniels, The Garamantes of Southern Libya, Fig. 8.*

***Abb. 26** Das Innere der Festung von Alt-Germa. Mauer mit Befestigungsturm.*

***Abb. 27** Blick von der Festung auf die Lehmziegelhäuser von Germa in Richtung Süden.*

26

27

28

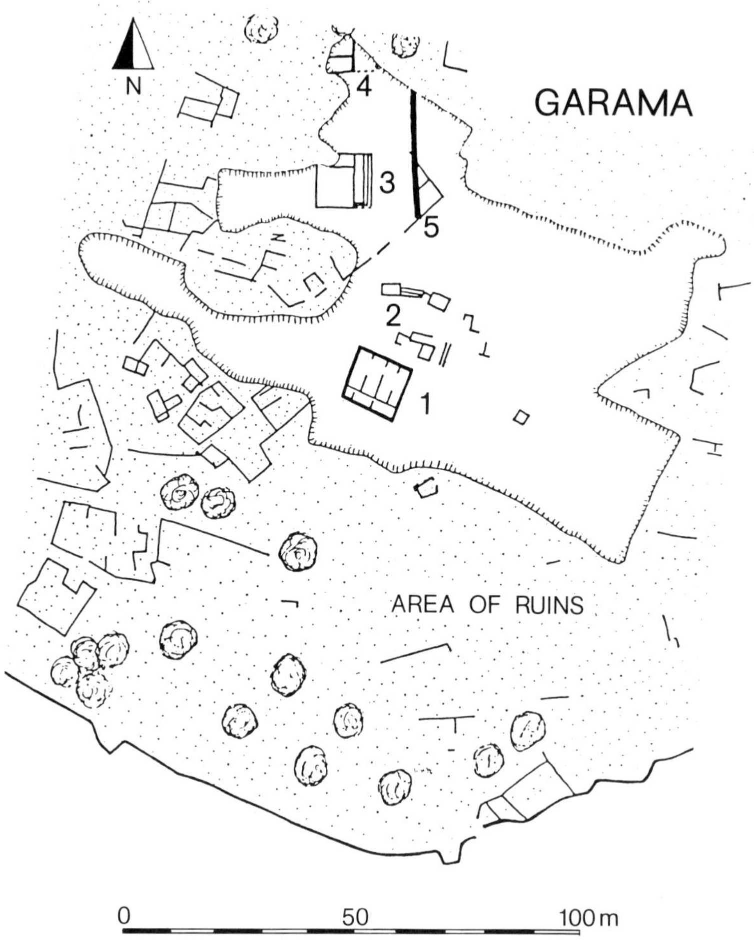

29

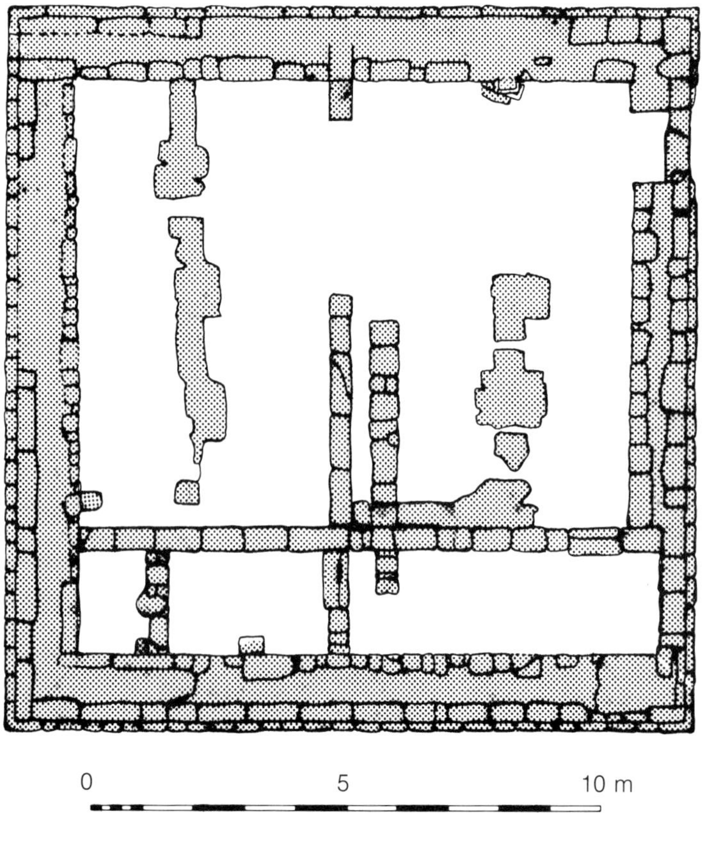

bei Biskra im östlichen Algerien gleichzusetzen ist, entspricht das oppidum Tuben dem heutigen Tobna, das als Tubenae in den Regeln des hl. Augustinus erwähnt wird.[56] Schließlich sah man in Baracum den einzigen Ort innerhalb des Fezzans, dessen Bewohnern, den Garamanten, das kriegerische Unternehmen des Cornelius Balbus gegolten hat. Demnach klinge der antike Name Baracum im heutigen Brak, einer Stadt nördlich von Sabha, nach[57] (Abb. 1, 11), wenngleich auch hier die Identifizierung nicht für völlig gesichert gehalten wird.[58]

Noch immer wären, sollten die vorgeschlagenen Örtlichkeiten auf der Landkarte für unverrückbar gelten, die Entfernungen vom Fezzan westwärts nach Südtunesien (in das Chott-Gebiet) und Ostalgerien südlich des Aurès-Gebirges zu groß gewesen, um einer realistischen Einschätzung all jener Möglichkeiten, über die ein noch so versierter Stratege damals verfügt haben könnte, standzuhalten.[59] Zweifelsohne haben die von Plinius verwerteten schriftlichen Nachrichten eine eindeutige Beurteilung der Expeditionsereignisse nicht erlaubt. Nicht umsonst hat der Autor auf die bestehende Diskrepanz zwischen seinen Gewährsleuten und den offiziellen Akten *(acta triumphorum)* hingewiesen, in denen die Orte Alele, Cilliba, Thelge und Dedris fehlen mußten, da deren Namen und Bilder im Triumphzug des Cornelius Balbus nicht mitgeführt wurden.[60] Aus einer größeren Anzahl anscheinend informativer Angaben reduzieren sich die gesicherten Anhaltspunkte auf nur ganz wenige, zu denen Sabratha als ein Ausgangspunkt römischer Aggression in den Fezzan und Cidamus (Ghadames) als einer der von Cornelius Balbus während seines Kriegszuges eingenommenen Orte zu zählen sind (Abb. 1).

***Abb. 28** Planausschnitt von Alt-Germa mit eingezeichneten antiken (römer- bzw. garamantenzeitlichen) Befunden 1–5. Nach C. M. Daniels, The Garamantes of Southern Libya, Fig. 9.*

***Abb. 29** Plan des römer-/garamantenzeitlichen Hauses Nr. 1 im Plan Abb. 28 (vgl. 16). Nach C. M. Daniels, The Garamantes of Fezzan, Fig. 7.*

***Abb. 30** Die Südwestecke des Hauses Nr. 1 (vgl. Abb. 16, 29).*

***Abb. 31** Objekt Nr. 3 («Tempel») im Plan Abb. 28. Aufnahme in Richtung Norden (vgl. Abb. 32).*

***Abb. 32** Detailaufnahme des Bauwerks Nr. 3 (vgl. Abb. 31) in Richtung Westen.*

Von den aus der Sicht des Geologen geäußerten Identifizierungsvorschlägen J.-P. Lefrancs scheinen zwei durchaus akzeptabel zu sein: nämlich die Gleichsetzungen des «Schwarzen Berges» (Mons nomine Niger) und «Ringberges» (Mons Gyri) mit der Basaltlandschaft zwischen Gharyan und Tarhuna und dem Jebel Hasawnah (Fazzan).[61] Daß sich das römische Expeditionskorps von hier aus dann nach Westen über das heutige Südtunesien bis in das algerische Aurèsgebiet begeben hat, wäre äußerst unwahrscheinlich, da sich Kriegsziel und -schauplatz auf den Fezzan beschränkten, mag sich auch dessen lagemäßige Beschreibung durch Plinius gerade nicht durch große Prägnanz auszeichnen. Die Stelle lautet: *«Dazwischen[62] liegt, zu den oberhalb der Kleinen Syrte genannten Einöden Afrikas gewendet, Phazania, wo wir das Volk der Phazanier und die Städte Alene und Cilliba unterworfen haben, ebenso Cidamus vom Gebiet Sabrathas aus.»* Die vorher von Plinius erwähnte Entfernung von zwölf Tagesmärschen zwischen der ostlibyschen Oase von Augila (Abb. 1) und den Garamanten weicht von Herodots Angabe nicht gravierend – es geht um zwei Tage – ab.[63]

Vom Kriegszug des Cornelius Balbus bis zu einer späteren Auseinandersetzung zwischen dem von den Garamanten unterstützten Oea (Abb. 8), der antiken Vorgängersiedlung der heutigen Hauptstadt Libyens (Tripoli), und der Stadt Leptis Magna (Abb. 7) vergingen rund 90 Jahre. Außer daß sich in der Folge der Weg zu den Garamanten um vier Tage verkürzte – dies impliziert die Annahme einer bis dahin benützten Umleitung, *(praeter caput Saxi)*, die einem von Garamanten kontrollierten und unzugänglichen Gebiet auswich[64] –, sind dem Text keine weiteren Informationen mehr zu entnehmen. Was sich in der Zwischenzeit zugetragen hat, soll in den folgenden Ausführungen – ihnen liegen mehr oder weniger zufällige Erwähnungen seitens antiker Schriftsteller zugrunde – kurz gestreift werden.

Der Aufstand des Tacfarinas

Nachdem die Aktion des Cornelius Balbus durch die Abhaltung des Triumphzuges im Jahre 19 v. Chr. höchstes offizielles Lob und Anerkennung gefunden hatte, dauerte es nicht allzu lange, bis wiederum Unruhen aus Nordafrika gemeldet wurden. Gewährsmann dafür ist der Historiker Annaeus Florus aus dem 2. Jh. n. Chr., der in seiner Römischen

30

31

32

33

34

35

Geschichte, einer Kompilation des Geschichtswerkes des Livius, schlagwortartig die Lage in den Provinzen zur Zeit des Kaisers Augustus verzeichnet[65] und sein Werk in einer eher düsteren Grundstimmung beschließt. Dort lesen wir[66], im Süden (wörtlich unter dem Meridian) sei es mehr zu Tumulten gekommen als daß gekämpft wurde. Doch Kaiser Augustus – von ihm kündet des Dichters Lied: *«er würde dereinst die Herrschaft über die Garamanten und Inder hinaus ausdehnen»*[67] – habe die Musulani und Gaetuler durch Cossus[68] besiegen lassen, während er die Marmariden und Garamanten jenem Quirinius[69], den das berühmte «Weihnachtsevangelium» nach Lukas als den Statthalter der Provinz Syria nennt, zur Unterwerfung gab. Der gleich anschließende Satz macht dem Leser allerdings sehr deutlich, was er vom Ergebnis dieser Aktion zu halten hat: *«Quirinius konnte zwar als Sieger zurückkehren, hinsichtlich der Einschätzung des Sieges war er jedoch ziemlich bescheiden»* – Mißerfolge der römischen Offensivpolitik unter Kaiser Augustus betrafen nicht nur den Norden des Reiches, sondern können auch im Süden, auf afrikanischem Boden, geortet werden.

Dies sollte sich kurze Zeit später unter Tiberius, dem Nachfolger des Augustus auf dem Kaiserthron, in einem noch viel stärkeren Ausmaß wiederholen, als der Afrikaner Tacfarinas einen Aufstand anzettelte, der wie ein Flächenbrand um sich griff und auch die Garamanten mit hineinzog. Es kostete Rom gewaltige Anstrengungen, diesen Großaufstand einzudämmen.[70] Auch in diesem Fall erlaubt es die Kargheit der quellenmäßigen Überlieferung nicht, einen auf Einzelheiten ausgerichteten Katalog von Ereignis-

***Abb. 33** Fundament einer breiten Mauer (Nr. 5 im Plan Abb. 28) östlich des Baues Nr. 3 (vgl. Abb. 31, 32).*

***Abb. 34** Architekturfunde (obere Reihe) im Museum von Germa. In der unteren Reihe Grabstele und Libationsplatten.*

***Abb. 35** Sechs monumentale Grabbauten aus (früh)islamischer Zeit (vermutlich aus dem 10. Jh.) in Zuila/Zawilah (vgl. Abb. 11). Zu frühislamischen Festungen vgl. Abb. 123, 124.*

***Abb. 36** Der Djebel Zinchecra: Garamantensiedlung an den Abhängen und am Plateau des Djebels. Gesamtaufnahme zusammengezeichnet nach C. M. Daniels, Garamantian excavations, Fig. 4, 37.*

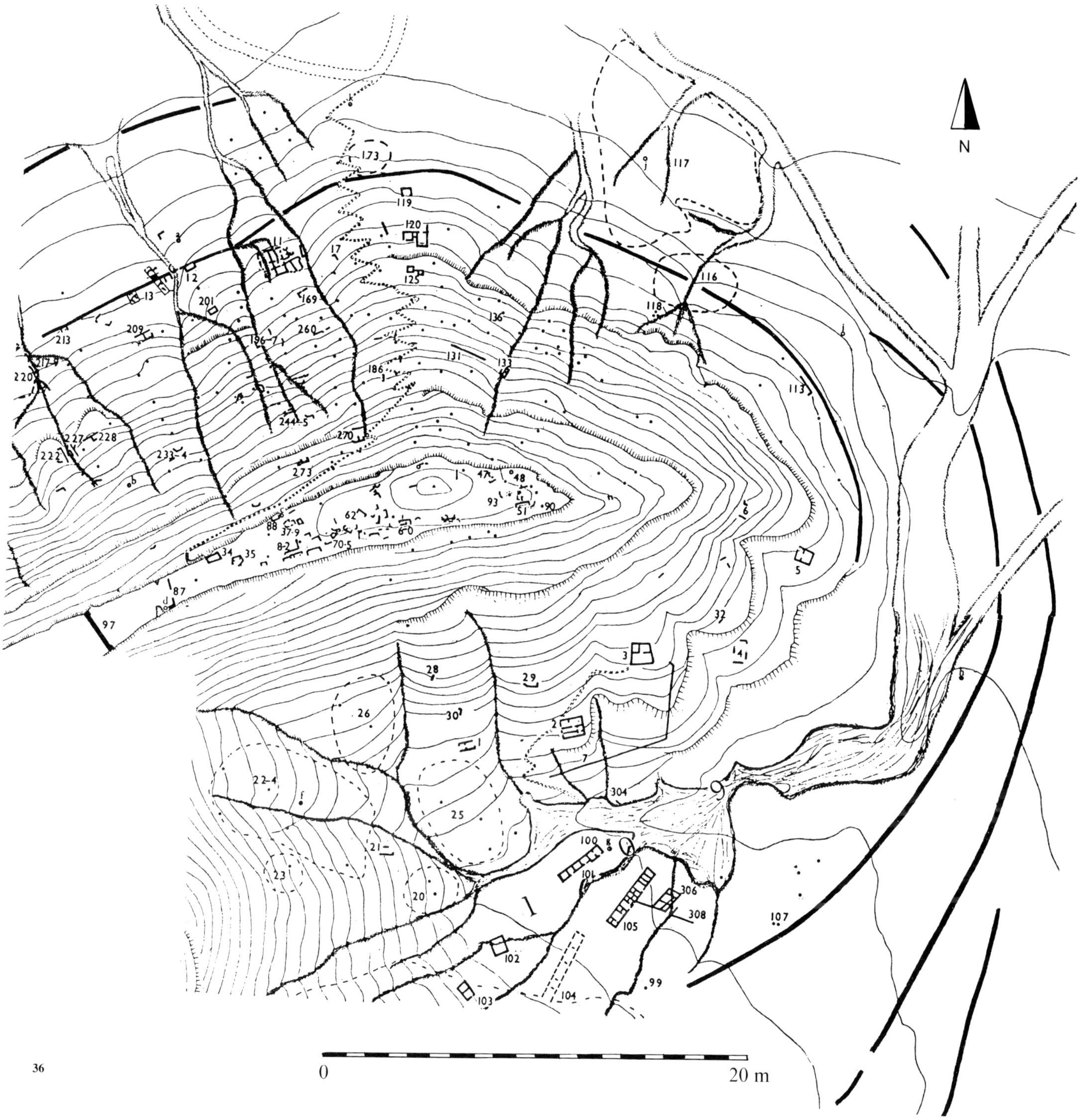

36

sen zu erstellen. Aus einzelnen Stellen in den Annalen des Tacitus geht hervor, daß an Tacfarinas' Widerstandsbewegung gegen Rom sich auch Garamanten angeschlossen haben, deren Schlupfwinkel Cornelius Scipio aufspüren mußte (22 n. Chr.).[71] Wo dies stattfand, ist nicht genau angegeben, aber die im Text genannten Leptitani, die Einwohner von Leptis, stellen den geographischen Bezug zum Garamantenland her, da sie Opfer der Plünderungen durch die Aufständischen waren.

In den von Tacitus skizzierten geographischen Rahmen[72], innerhalb dessen die Kampfhandlungen zwischen Tacfarinas und dem römischen Militär stattfanden, würde sich das wenig bekannte Leptis Minor an der Küste des heutigen Tunesiens besser einfügen[73] als das wesentlich berühmtere Leptis Magna, die Großstadt in Tripolitanien. Allerdings hat dort – und dies muß als gewichtiges Argument für die Gleichsetzung von Leptitani mit den Bewohnern von Leptis Magna gewertet werden – der Nachfolger des Garamantenbesiegers Blaesus, P. Cornelius Dolabella, der Siegesgöttin einen Altar im Jahre 23/24 n. Chr. geweiht.[74] Andernfalls könnte man meinen, die Garamanten seien damals nicht allzuweit von der mitteltunesischen Küste entfernt gewesen, so daß zwischen dieser und ihren Wohngebieten im Fezzan, der gemeinhin als deren Kernland angesehen wird, eine wahrlich weite Kluft hätte überwunden werden müssen. Was das «kleine» Leptis anlangt, so haben Surveys und Sondierungen amerikanischer und tunesischer Archäologen erste konkrete Hinweise auf die Topographie dieser antiken Hafenstadt geliefert, deren Bedeutung nach Abschluß der wissenschaftlichen Untersuchungen sicher besser eingeschätzt werden kann.[75]

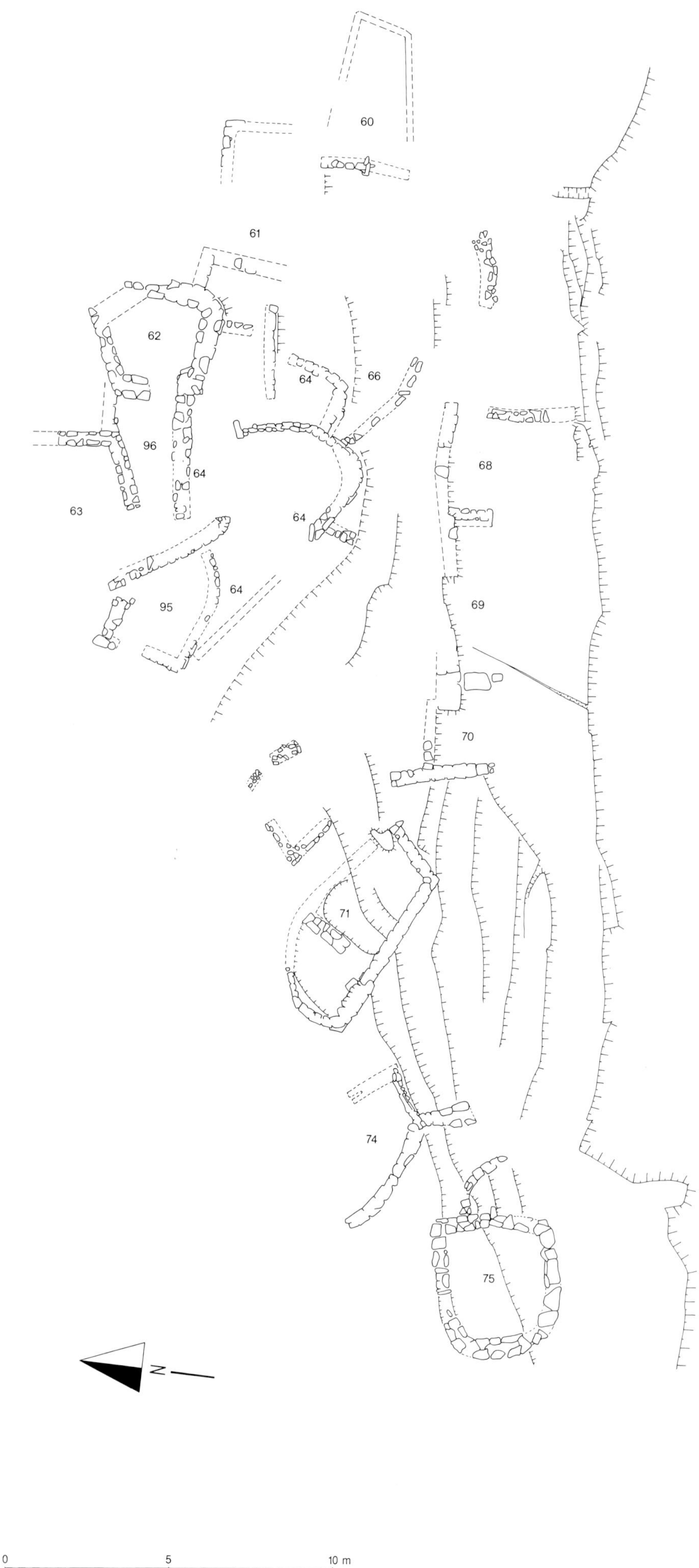

37

Daß der König der Garamanten – er wird als Hehler bezeichnet – Tacfarinas durch die Entsendung leicht beweglicher Truppen, die ihren Standort rasch wechseln und auch größere Entfernungen zurücklegen konnten, unterstützte, bestätigt Tacitus an anderer Stelle.[76] Insofern wäre es einer beschränkten Zahl mobiler Garamantenguerilleros sicherlich möglich gewesen, sowohl nach Norden in Richtung tripolitanische Küste als auch in das Kernland der *Africa proconsularis* plündernd vorzustoßen[77], von wo Kaiser Tiberius nach dem Abgang des Q. Iunius Blaesus aus der Provinz und dem als erfolgreich abgeschlossen geltenden Krieg gegen Tacfarinas die neunte Legion *(legio IX Hispana)* im Jahre 24 n. Chr. abziehen ließ.[78] Nach der Niederlage des Tacfarinas bei Auzia in der Provinz *Mauretania Sitifensis* (ca. 120 km südlich von Algier)[79] schickten die Garamanten eine Gesandtschaft nach Rom, um Genugtuung für Vergehen zu leisten, die – wie Tacitus meint – ihnen nicht bewußt waren. Die Abgesandten aus dem Garamantenreich dürften jedenfalls für Gesprächsstoff in der Hauptstadt des Imperiums gesorgt haben, wo man einen derartigen exotischen Besuch nicht alle Tage zu erwarten hatte.[80]

Römische Expeditionen zu den Garamanten und nach Innerafrika

Im allgemeinen aber dürfte sich die Lage im Provinzialland während des 1. Jhs. n. Chr. soweit stabilisiert haben, daß einer Übernahme der römischen Kultur in weiten Bereichen des Lebens der Einheimischen keine nennenswerten Widerstände entgegengesetzt zu werden brauchten. Freilich darf dabei nicht übersehen werden, daß antike Zeugnisse nur in wenigen Bruchstücken auf uns gekommen sind.

Einer dieser sporadischen Nachrichten[81] verdanken wir auch die Kenntnis

***Abb. 37** Die Garamantensiedlung auf dem Plateau des Djebel Zinchecra («Zinchecra top sites»). Geringfügig vereinfachte Darstellung nach dem Plan von Charles M. Daniels.*

***Abb. 38** Giraffendarstellung wie Abbildung 24, ebenfalls an der Felswand unterhalb des Djebelplateaus.*

***Abb. 39** Reiterdarstellung auf dem Felsen an der NO-Seite des Djebel Zinchecra unterhalb des Plateaus. Breite 31 cm, Höhe 22 cm.*

von einem Einfall von Garamanten in Leptis Magna (Abb. 7), das sich aufgrund eines an sich geringfügigen Anlasses – es ging um Getreide- und Viehdiebstähle – mit Oea zerstritten hatte. Da Oea (Abb. 8) den Leptitanern zahlenmäßig unterlegen war, rief es die Garamanten zu Hilfe, die die Umgebung von Leptis Magna verwüsteten und die Einwohner der Stadt in Bedrängnis brachten. Erst der Einsatz der von Valerius Festus[82], dem Legaten Numidiens, in das «Krisengebiet» entsandten Alen und Kohorten bewirkte die Flucht der Garamanten, des nach Tacitus *«unbezähmten und im Gebiet der Umwohner durch Raubzüge fruchtbaren Volkes»*.[83] Mit dem Eingriff des Militärs ist dieser eher lokale und wohl auch ephemere Streit unter Tripolitaniens Küstenstädten rasch beendet worden.

Der Absatz römischen Importgutes sollte gerade gegen Ende des Jahrhunderts und auch noch später im Garamantenland seinen Niederschlag finden, wie die Analyse der materiellen Hinterlassenschaft noch zeigen wird. Die guten politischen Beziehungen zwischen den Garamanten und Rom können daran ermessen werden, daß der Garamantenkönig höchstpersönlich ein römisches Expeditionskorps unter Leitung des Julius Maternus von der Hauptstadt von Phazania, Garama, aus bis nach Agisimba – der Ort ist versuchsweise identifiziert worden[84] – begleitet hat, eine Strecke, für die man vier Monate benötigte. Daß, der Ausdrucksweise des Ptolemaios nach zu schließen[85], Julius Maternus aus Leptis Magna stammte[86], wäre dem einem Einheimischen anvertrauten, derart umfangreichen und schwierigen Unternehmen, zu dem sich dann noch zusätzlich der Garamantenkönig gesellte, nur förderlich gewesen. Der Name selbst verrät allerdings nicht afrikanische Herkunft, die sich in dieser Zeit durchaus noch in onomastischer Hinsicht hätte äußern können.

Einer anderen Expedition, die Septimius Flaccus[87] anführte, glückte es, vom Garamantenland aus Äthiopien auf einer kürzeren, «nur» drei Monate erfordernden Route zu erreichen. Diese Notiz hat Ptolemaios[88], einer der berühmten Gelehrten seiner Zeit, der in Alexandria gelebt und viele Länder durch eigene Anschauung kennengelernt hatte, von einem anderen Geographen namens Marinos in sein Werk übernommen.[89] Im Zusammenhang mit den beiden Gewaltmärschen drängt sich noch die Frage auf, mit welchen Tieren derart lange und anstrengende Strecken bewältigt werden konn-

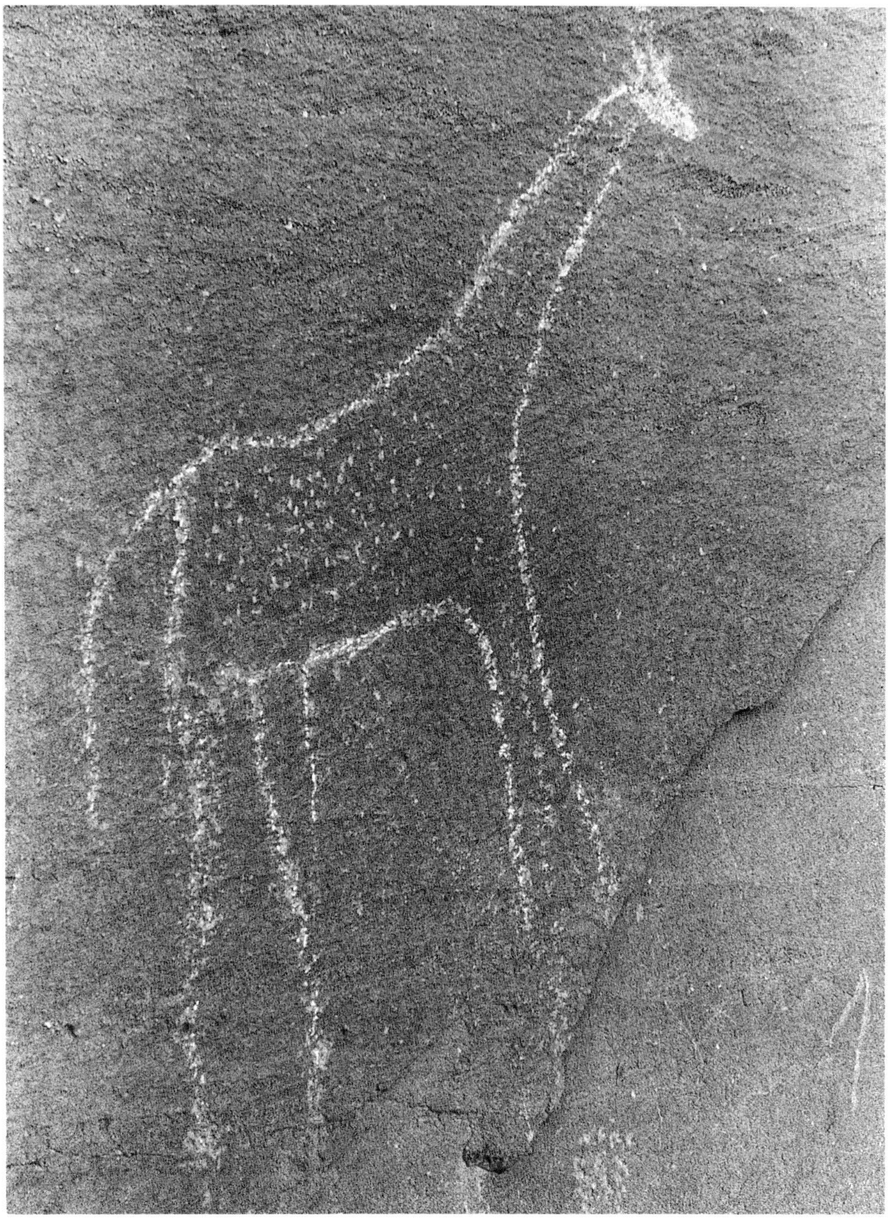

38

39

ten: Daß Pferde solchen Strapazen nicht gewachsen waren, legen die klimatischen und natürlichen Bedingungen nahe. Als Fortbewegungsmittel und Lasttiere, die eine gewisse Geschwindigkeit durchhielten, werden nur Dromedare (Abb. 10) eingesetzt worden sein, deren erstmalige Haltung in Nordafrika damals noch nicht allzu lange Zeit zurücklag.[90] Leider verschweigt Ptolemaios, wann die beiden bemerkenswerten Expeditionen stattfanden. Um sie zeitlich ungefähr eingrenzen zu können, wurden zwei Termini in Erwägung gezogen: einerseits die Abfassung des kartographischen Werkes von Marinos zu Beginn des 2. Jhs. n. Chr.[91] und andererseits die in Tacitus' Historien berichtete Auseinandersetzung zwischen den beiden tripolitanischen Städten Oea und dem von den Garamanten schwer bedrängten Leptis Magna *«zu Beginn der Regierungszeit Kaiser Vespasians»* (70 n. Chr.), wie es Plinius vermerkte.[92] Erst die Beendigung des Krieges und die Vertreibung der Garamanten aus der Küstenregion hätten nach Ansicht der Wissenschaftler die Voraussetzungen für die Entwicklung eines politisch günstigen Klimas zwischen Rom und dem Garamantenreich geschaffen. Demnach seien die Expeditionen des Julius Maternus und Septimius Flaccus am ehesten Ende des 1. Jhs. n. Chr. möglich gewesen. Die Tatsache aber, daß eine Delegation von Garamanten bereits nach der Niederwerfung des von Tacfarinas angezettelten Aufstandes in Rom vorsprach – um gedeihliche politische Beziehungen offensichtlich bemüht –, würde eine Datierung der Expeditionen in die Jahrzehnte vor 70 n. Chr. nicht unbedingt ausschließen, da der Streit zwischen Oea und Leptis Magna eine zunächst innertripolitanische Angelegenheit war und die darin involvierten Garamanten nicht als direkte Gegner Roms galten. Erst als das Ausmaß des Zwistes zu groß zu werden drohte und dadurch römischem Interessengebiet hätte schaden können, sah sich Rom genötigt, schlichtend einzugreifen, um die Ordnung in Tripolitanien wiederherzustellen.

Die Garamanten in der Vorstellung der Dichter

Überblicken wir resümierend die übrigen Erwähnungen in der antiken Literatur vom 1. bis zum 6. Jh. n. Chr., so steht der Name der Garamanten in der Dichtung gewissermaßen als geographischer Begriff, der sich von den Lesern mit keiner konkreten Vorstellung mehr verbinden ließ, sondern die schier unermeßliche Ferne ausdrückte, die den Erdkreis *(orbis terrarum)* irgendwo im Süden abgrenzte.[93] Ein von den anderen unterschiedenes Bild zeichneten beispielsweise der Dichter Silius Italicus, der die Garamanten um die Orakelstätte des Jupiter Ammon in der Oase Siwa ansiedelte[94] (Abb. 3), und drei Jahrhunderte später der Historiker Ammian, nach dessen Beschreibung die Garamanten und verschiedene Völker an Ägypten südlich anschließen.[95] Die Nennung der Stadt Meroë in Lukans Epos, das den Bürgerkrieg zwischen Cäsar und Pompeius zum Thema hat, assoziiert das Garamantenland mit einer klimatisch benachteiligten Zone *«unter dem Kreis des Krebses»*[96], wo deren *«durstende»*[97] Bewohner die Felder bestellen. Für die spätantiken Dichter Prudentius[98], Claudian[99] und den aus dem 6. Jh. n. Chr. stammenden Poeten Corippus[100], einen Afrikaner wie Claudian von Geburt, verdichtet die katalogartige Aufzählung afrikanischer Völker wie der Nasamonen, Garamanten und anderer ein bestimmtes gedankliches Bild, das in Form der gebundenen Sprache plastisch zum Ausdruck gebracht werden soll, oder veranschaulicht Größe und Intensität eines Sachverhalts, der dann die Leistung einer Einzelperson in um so ruhmvollerem Licht erstrahlen läßt.

Die vage Vorstellung, die man sich von der Tätigkeit der Garamanten, wenn überhaupt, machen konnte, ist mit Feldarbeit[101] und Rinderzucht verknüpft. Eine merkwürdige Begebenheit fügt Plinius seinen Ausführungen über die verschiedenen Haustiere ein, von denen der Hund dem Menschen am nächsten stehe.[102] Ohne Bezug auf die jeweilige Zeit und den historischen oder politischen Hintergrund wird erzählt, den König der Garamanten hätten 200 Hunde aus dem Exil zurückgeführt, die gegen diejenigen vorgingen, die Widerstand leisteten. Danach wären die Garamanten auch Züchter von Kampfhunden gewesen, deren Einsatz gegen Menschen in der Antike damals nicht zum ersten Mal erfolgte.[103] Kaum als aufschlußreich wird man das vom Dichter beschriebene äußere Erscheinungsbild[104] oder die mit den Garamanten assoziierten Eigenschaften[105] beurteilen. Von der von Plinius angeführten Exilierung des Garamantenkönigs könnte man sich vorstellen, daß sie durch innenpolitische Unstimmigkeiten zwischen einem Rom freundlich gesinnten König und einer dagegen opponierenden unabhängigen Partei vielleicht nach einer ersten engeren Kontaktnahme zu Beginn des 1. Jhs. n. Chr. verursacht worden ist.

Die Erforschung der Kultur der Garamanten

Die dünn fließenden Nachrichten zur Geschichte der Garamanten werden durch die Erforschung der materiellen Kultur dieses Volkes ergänzt und erweitert. Eingeleitet wurde der Prozeß der wissenschaftlichen Erkundung des Fezzans durch europäische Afrikaforscher im vorigen Jahrhundert[106], deren Spuren Gelehrte in diesem Jahrhundert folgten. Ein italienisches Team hat dann 1934, zwei Jahrzehnte nach der Okkupation Libyens durch Italien, eine Expedition in den Fezzan unternommen, wobei prähistorische Steingeräte, Werkzeuge und Felsbilder – Denkmäler einer Jahrtausende währenden Anwesenheit und kulturellen Entfaltung des Menschen im Fezzan – überblicksmäßig erfaßt wurden.[107] Den steinzeitlichen Zeugnissen wird weiterhin Aufmerksamkeit italienischer, französischer und deutscher Forscher zuteil, die in Fachzeitschriften über ihre Tätigkeiten informieren.[108] Von dieser Grundlage aus erfolgte gleichsam der Übergang in historische Zeit: «*Der Fezzan und die Garamanten*» lautete der Titel einer Arbeit von Biagio Pace[109], in der die geläufigen schriftlichen Quellen aus antiker Zeit zusammengestellt wurden, während Giacomo Caputo die sichtbaren Denkmäler der Garamantenkultur wie Hüttenreste, Gräber, Nekropolen, Kanäle, Dämme, Steindenkmäler und verschiedene Funde übersichtlich darlegte und die Ergebnisse diverser bodenkundlicher Sondierungen beschrieb.[110] Allein die angeschnittene Thematik überzeugte vom Fundreichtum und der kulturellen Blüte des Fezzans, dessen einmaligen Rang als bisher nur oberflächlich angetastetes archäologisches Betätigungsfeld allein die Mindestanzahl von 45 000 geschätzten Garamantengräbern verdeutlichen mag[111]; die Feldforschungen der libyschen und englischen Archäologen ab 1960 sollten dies in noch eindrucksvollerer Weise unter Beweis stellen. Charles M. Daniels, der Leiter des englischen Forscherteams in Germa und im Wadi Adschal, hat darüber mehrmals, zuletzt 1989, zusammenfassend berichtet.[112] Die Ergebnisse seiner grundlegenden Studie sind auch in David J. Mattingly's wichtige Monographie über das römische Tripolitanien, 1995 in London erschienen, eingeflossen.

Der Fezzan/Phazania

Um den geographischen Zusammenhang herzustellen, scheint es notwendig zu

***Abb. 40** Nordabhang des Djebel Zinchecra. Im Vordergrund Mauerreste eines Garamantenhauses, im Hintergrund die Fundamente des Hauses Nr. 11 im Plan Abb. 36, (vgl. den Detailplan Abb. 42).*

40

41

sein, die Lage des Fezzans innerhalb der Arabisch-Libyschen Sozialistischen Volksrepublik (Jamahiriya) zu skizzieren (Abb. 1, 11–12). Etwa 1000 km von der Küste des Mittelmeeres entfernt, heute auf einer gut ausgebauten Asphaltstraße an einem Tag erreichbar, nehmen langgestreckte, von West nach Ost ziehende Trockentäler, die Wadis Schiati, Adschal[113] (Abb. 11–12), Etba, Hekma, Berdschudsch, den Reisenden in Empfang. Sie bilden, «zusammen mit der östlich von Murzuk beginnenden Senke der Hofra, den Kern der Landschaft Fezzan»[114], die eine Fläche von ca. 550 000 qkm (Libyens Fläche beträgt insgesamt 1 775 500 qkm) einnimmt und von über 65 000 (von insgesamt 3,5 Mio.) Menschen bewohnt wird.[115] Die Landschaft prägen nicht nur Sanddünen, die die breiten Wadis einfassen, und mit Basalten bedeckte Erhebungen, sondern auch bewässerte Flächen, deren unnatürlich wirkendes Grün einen jähen Farbkontrast zum Braun der Umgebung bildet (Abb. 21, 55, 64). Den geologischen Aufbau bestimmen sogenannter Nubischer Sandstein aus der späten Kreidezeit und an der Oberfläche vulkanische Felsen.[116]

Die Namensgleichheit zwischen dem heutigen Fezzan und dem antiken Phazania, wie es Plinius erwähnt, sollte nicht darüber hinwegtäuschen, daß beiden eine unterschiedliche räumliche Ausdehnung zugrundeliegt. Phazania umschreibt ein Gebiet nordwestlich der Hamada el-Hamra bis zum östlichen Großen Erg und griff nach Norden bis auf die Höhe von Mizda auf.

Die Feldforschungen konzentrierten sich auf das größte Tal, den Wadi el-Adschal, und die dort befindliche Hauptstadt des Garamantenreiches, Garama[117], die mit dem heutigen Germa bzw. dessen enger Umgebung als identisch angesehen wird[118] (Abb. 21–34). Die Arbeiten umfaßten die topographische Erkundung von Gräbern und Gräberfeldern, von Siedlungsspuren und – als Schwerpunkt der archäologischen Recherchen – die partielle Ausgrabung von Alt-Germa sowie der Garamantensiedlung am und um den Djebel Zinchecra einige wenige Kilometer außerhalb des heutigen Ortszentrums.

Alt-Germa/Garama

Innerhalb des jetzigen Ortsgebietes von Germa liegen die antike und mittelalterliche Vorgängersiedlung, deren bauliche Entwicklung nur in groben Zügen fest-

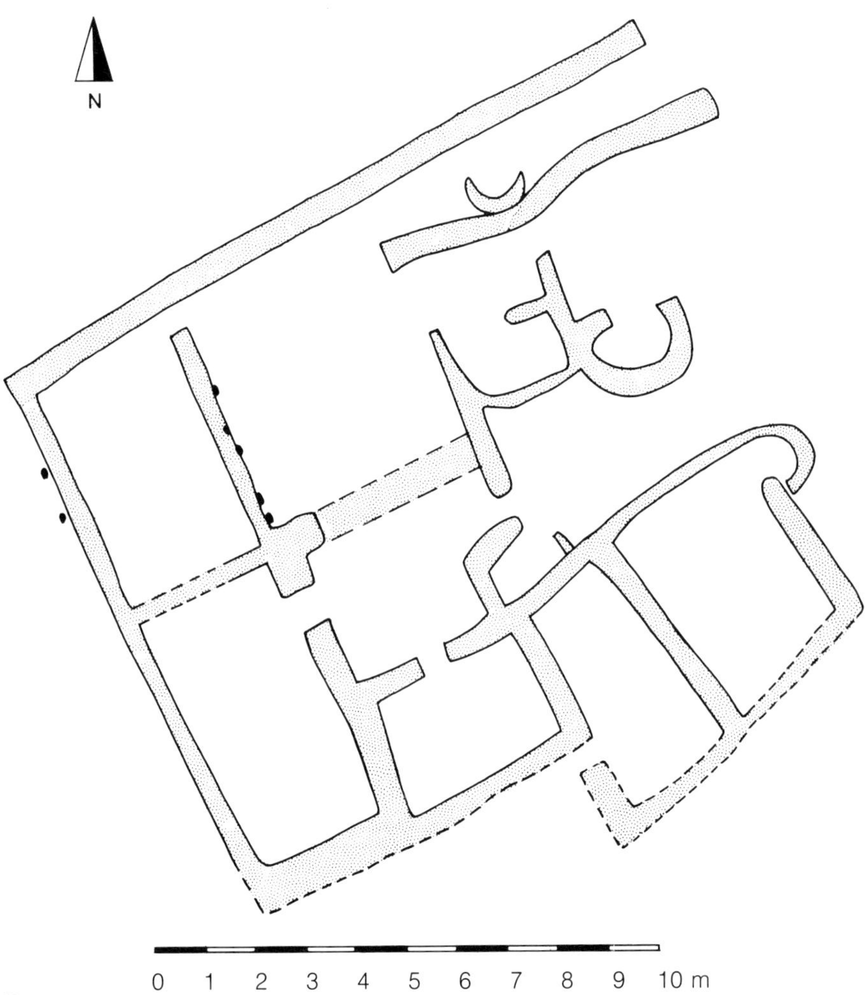

42

***Abb. 41** Eine der Abschnittsmauern am SO-Abhang des Djebel Zinchecra. Aufnahme in Richtung Osten.*

***Abb. 42** Plan des Garamantenhauses Nr. 11 im Plan Abb. 36 und auf Abb. 40.*

***Abb. 43** Plan des Garamantenhauses Nr. 125 im Plan Abb. 36 am Nordabhang des Djebel Zinchecra. Nach C. M. Daniels, Garamantian excavations, 156 Fig. 23 oben.*

***Abb. 44** Fundamentreste eines Garamantenhauses am Nordrand des Djebelplateaus. Im Hintergrund die Sanddünen nördlich des Wadi Adschal.*

steht. Umgeben von einer Mauer mit unregelmäßigem Verlauf erschließt sich ein von Haus- und Hüttengrundrissen teils äußerst dicht bestandenes, annähernd ovales Areal (Abb. 25), in dessen westlichem Teil sich die von einem kleineren Mauerring umschlossene Kasbah, das Zentrum der Stadt mit der «Königsburg» (Abb. 25–27), erhebt. Die für die islamische Stadtentwicklung fast typischen Grundzüge begegnen sich hier: Eine unübersehbare Menge scheinbar ohne System angeordneter Mauern (Abb. 27), die sich nur mühsam einem bestimmten Haus- bzw. Wohnkomplex zuordnen lassen, und dazwischen enge und meist verwinkelte Gäßchen, die einem Labyrinth gleich den Besucher in die Irre leiten.[119]

Daß dieses bei erster Betrachtung oberflächliche Bild sich wesentlich differenzierter darstellen wird, könnten aber nur die städtebauliche Entwicklung und die Herausarbeitung der wesentlichen Wachstumsphasen von Alt-Germa lehren, dessen Vergangenheit schließlich nahezu 2000 Jahre zurückreicht. Als erschwerend für ein solches Vorhaben wird sich sicher der Umstand auswirken, daß das durch die Jahrhunderte gleich gebliebene Baumaterial in Form luftgetrockneter Lehmziegel eine Unterscheidung in klar erkennbare Phasen kaum oder nur ausnahmsweise erlaubt und daß das vorwiegend keramische Fundgut zur Klärung absolut-chronologischer Fragen nur in geeigneter Weise herangezogen werden kann, wenn aufgrund scharf trennbarer Schichtenbilder ein Leitfaden in der Entwicklung der Keramik, die M. S. Ayoub bearbeiten und veröffentlichen wollte[120], sich abzuzeichnen begonnen hat.

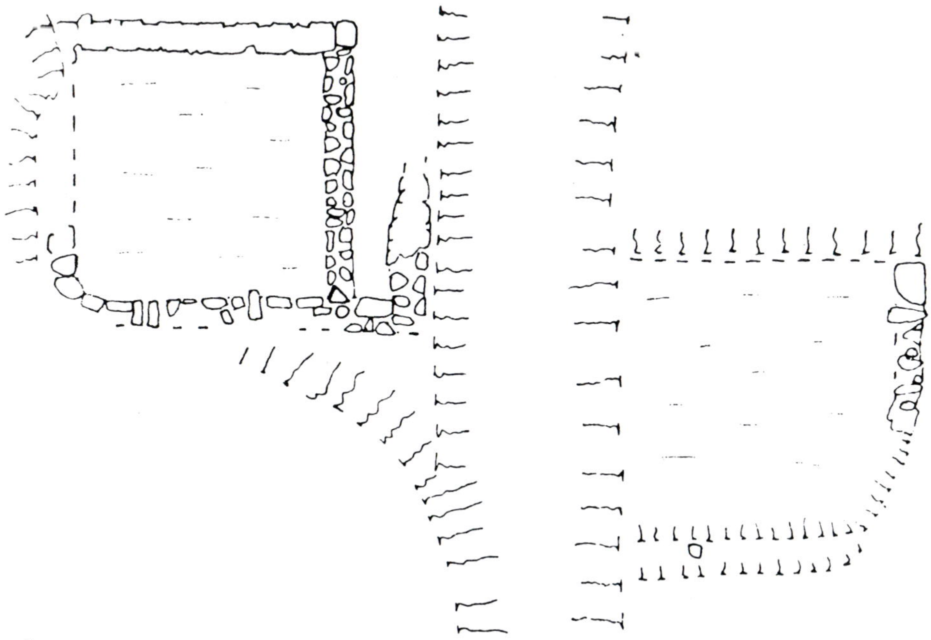

43

Kurz nach Beginn unserer Zeitrechnung standen hier einige Häuser, über deren Aussehen die archäologischen Ausgrabungen der sechziger Jahre Kunde geben. Möglicherweise an einem See, zumindest aber nahe einer Quelle mit perennierendem Naß[121], begannen die Garamanten mit dem Bau von massiven Häusern, wohl anstelle einheimischer Hütten, die von antiken Schriftstellern *mapalia* (Nomadenzelte) genannt wurden[122] (Abb. 62). Zwei Steinbauten etwa

45

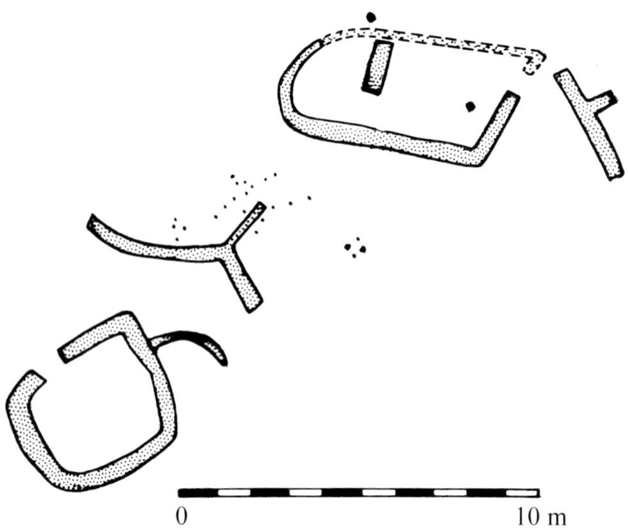

46

quadratischen Grundrisses von ca. 10 bis 13 m Seitenlänge enthalten langrechteckige Innenräume und Korridore[123] (Abb. 28–32). Die Grundmauern bestehen aus sorgfältig zubehauenen Steinquadern, die gegen Ende des 1. Jhs. n. Chr. oder etwas später eine Vorgängerphase aus Lehmziegelwerk ersetzten. Nach Mitteilung von M. S. Ayoub soll der eine Steinbau mit einem Abwasserkanal, der andere mit einem Bad ausgestattet gewesen sein.[124] Vom Typ her werden die beiden Objekte als Häuser mit mehr oder weniger ausgeprägtem Innenhof definiert werden dürfen, wobei die funktionelle Zuordnung einzelner Räumlichkeiten unterbleiben muß: Diese soll einer vorgesehenen Ausgrabungsveröffentlichung durch die libysche Altertümerverwaltung vorbehalten sein. Die ca. 13 m langen Mauern des fast quadratischen Hauses 1 (Abb. 28–30) werden bloß an der Ostseite durch eine relativ enge Eingangsöffnung unterbrochen.[125] Von einem schmalen Innenkorridor an der Nordseite, der behelfsmäßig vielleicht als korridorartiger Innenhof zu bezeichnen wäre, konnten einige offene Räume betreten werden. Sie mochten am ehesten als Wirtschafts- oder Vorratsräume gedient haben. Die gesamte Südflanke des Hauses nimmt eine Flucht von zwei unterschiedlich großen, rechteckigen Zimmern und einem Kämmerchen, den Privatgemächern des Hausherren, wie es scheint, ein. Sie bildeten den nicht für jedermann zugänglichen und von den übrigen Räumen eher abgeschirmten Teil des Garamantenhauses, für dessen Beleuchtung Kerzen oder Lämpchen sorgten, da die Außenwände als fensterlos angenommen werden dürfen. Restaurierungen wurden an der Ostseite vorgenommen.

Außer Zivilbauten wurde auch das aus Quadern bestehende Fundament eines

Abb. 45 Mauerreste des Garamantenhauses Nr. 71 (vgl. Detailplan Abb. 46) am Plateau des Djebel Zinchecra. Blick in Richtung Osten (vgl. auch Abb. 49, 37).

Abb. 46 Garamantenhäuser Nr. 75, 74 und 71 (Abb. 45) und Mauerrest Nr. 70 (von links nach rechts) auf dem Djebelplateau. Nach C. M. Daniels, Garamantian excavations, 177 Fig. 33).

Abb. 47 Runde Ausnehmungen am nördlichen Plateaurand des Djebel Zinchecra. Am Fuß des Felsens die breite Wadiebene. Im Bildhintergrund werden die Sanddünen von Ubari sichtbar. Aufnahme in Richtung Nordwesten.

47

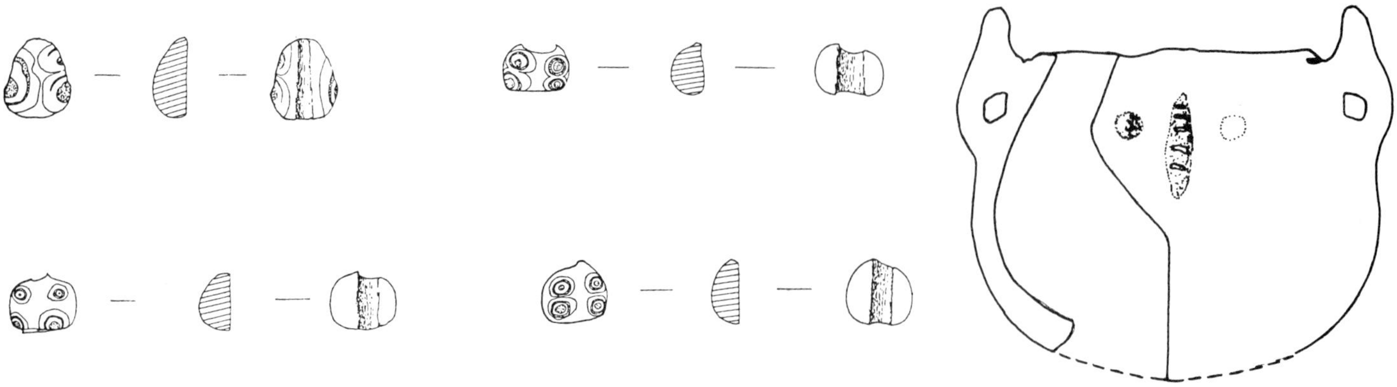

48

kleinen Tempels freigelegt, zu dem hinauf eine Treppe führte (Abb. 28, 31–32).[126] Einige Mauerzüge ergaben die Grundrisse kleiner quadratischer oder oblonger Häuschen, die nur aus einem einzigen Raum bestanden – ein auf soziale Unterschiede in der Gesellschaftsstruktur der Garamantenhauptstadt hinweisender Faktor, der sich im Bereich des Wohnbauwesens – im Kontrast zu den vorhin erwähnten Häusern und der Anwendung von Säulenarchitektur (vgl. Abb. 34) im Dachbereich[127] – äußert. Das Aufgehende der Häuser bestand aus luftgetrockneten Lehmziegeln, die bei den größeren Bauten wie den Häusern 1, 3–4 auf dem aus Quadern bestehenden Podium auflagen.[128]

Drei große Bauphasen wurden im antiken Garama konstatiert, die einen Zeitraum vom 1. bis zum 4. Jh. n. Chr. umspannen. Bei Berücksichtigung einer Reihe von spätantiken Gräbern und der darin aufgefundenen Beigaben ist die Datierung einer in Alt-Germa festgestellten Umfassungsmauer in spätbyzantinische Zeit (Abb. 28, 33), wie das Ayoub vorgeschlagen hatte[129], durchaus realistisch, wenngleich auch hier das chronologische Gerüst durch Vorlage der Befunde gestützt werden müßte. Die Bedeutung der Stadt als Handels- und kulturelles Zentrum von Phazania seit Beginn unserer Zeitrechnung setzt ein Siedlungskontinuum, wenngleich unterschiedlicher Intensität, in das frühe Mittelalter voraus, mag auch das 7. Jh. n. Chr. eine Stagnation mit sich gebracht haben, nachdem Germa im Jahre 666 (= 46 nach der Hedschra) von den Arabern eingenommen worden war.

49

Die Konzentration auf eine Stadt innerhalb des Fezzans sollte sich in der Folgezeit ändern: Der bekannte Historiker der arabischen Zeit, Edrisi, berichtet nämlich von der Gründung der Stadt Sawila (Zuila/Zuwayla) im Jahre 918 n. Chr. durch den Berberstamm der Hawara und der Erhebung zur Hauptstadt des Fezzans (Abb. 11, 35), in dem nun auch andere Siedlungen wie Tragen (oder arab. Taradschin) entstanden[130] (vgl. auch Abb. 11). Alt-Germa aber behauptete wiederum ab dem 14. Jh. n. Chr. seine Position im Wadi el-Adschal, wie die Kasbah im Westabschnitt der Stadt zeigt (Abb. 25–27), deren Erbauung M. S. Ayoub mit dem Kharman, dem islamischen Königreich von Germa, in Zusammenhang brachte.[131] Die mittelalterliche Kasbah ist einer Festung gleich durch einen Mauerring mit in unregelmäßigen Abständen gesetzten Türmen geschützt (vgl. Abb. 25–26). Der Zahn der Zeit hat an der Substanz der Lehmziegel gezehrt: Das Mauerwerk ist teilweise eingestürzt und bedeckt den Boden, während es an anderen Stellen noch meterhoch aufragt und einen Erhaltungszustand bewahrt hat, der dringende Sanierungsmaßnahmen erfordert, damit es als architektonisches Zeugnis der Geschichte der Stadt und des Fezzans weiterhin bestehen kann. Ab dem 14. Jh. n. Chr. stand der Fezzan vermutlich noch unter kanemitischer Herrschaft, die im 16. Jh. n. Chr. von der Dynastie von Fez in Marokko abgelöst wurde.[132]

Es ist nicht auszuschließen, daß das antike Garama außer den durch Straßen verbundenen Wohnbauten auch ein Theater und öffentliche Plätze, wie sie in fast jeder klassischen Stadt vorhanden waren, gehabt hat[133]: Die Annäherung an die Frage, ob diese Annahme den tatsächlichen Gegebenheiten wirklich entsprach, wo doch die sprachlichen und kulturellen Unterschiede zur antiken Kultur trotz deren Einfließens und partieller Übernahme so groß waren, um allfällige Wünsche der Menschen nach Possen, Schwänken oder Tierhatzen, je nach dem verfügbaren Arrangement, vorauszusetzen, braucht beim derzeitigen Stand der Ausgrabungen in Alt-Germa, die nun seit fast zwei Jahrzehnten wieder ruhen, nicht aufgegriffen zu werden. Die Bemühungen des Antikendienstes für Südlibyen galten der Sicherung, Restaurierung und teils notwendig gewordenen Ergänzung

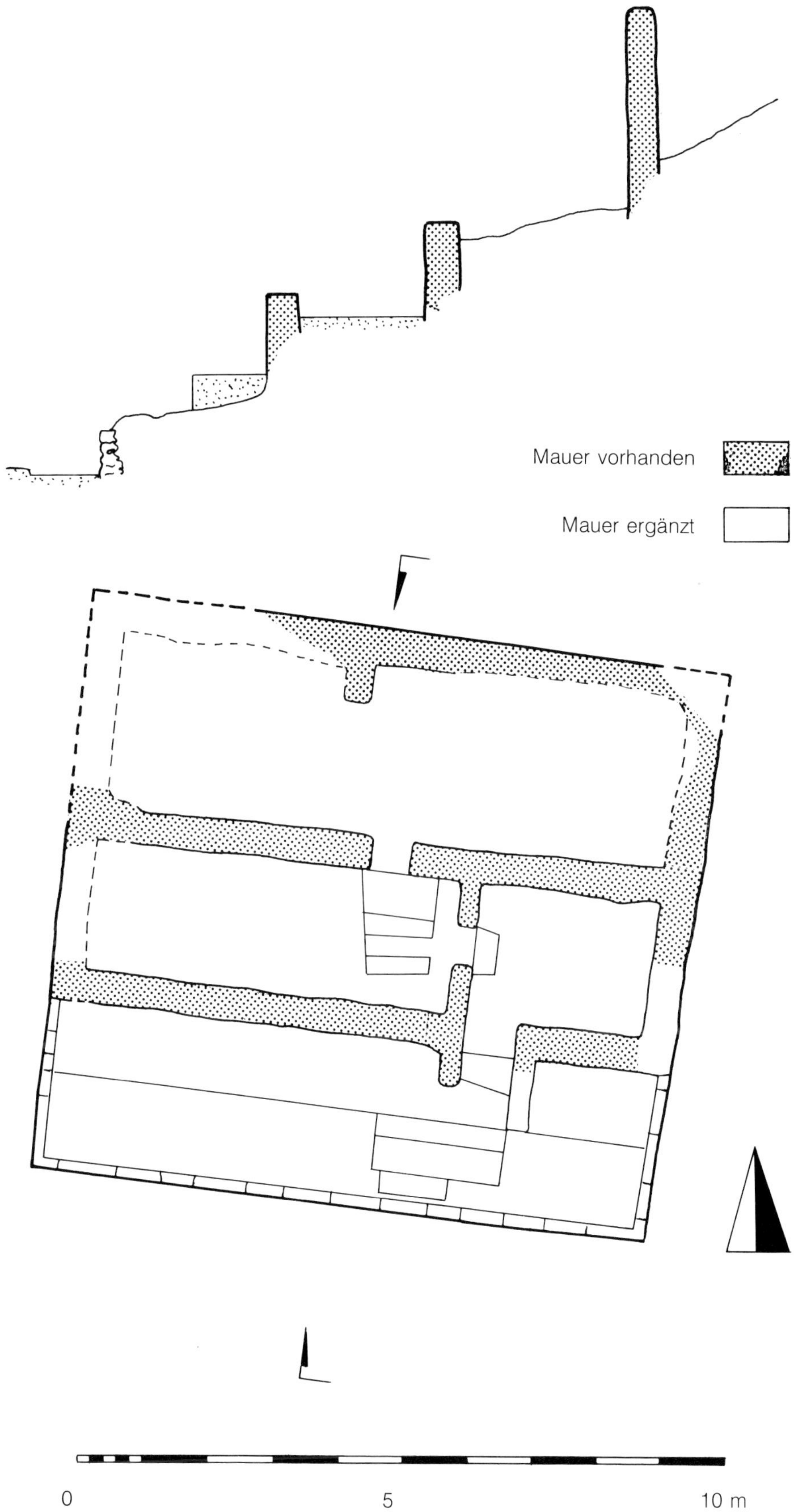

50

Abb. 48 Augenperlen und Topf mit plastischen Auflagen nach Art eines Gesichtsgefäßes. Siedlungsfunde vom Zinchecra. Nach C. M. Daniels, Garamantian excavations, 149 Fig. 20; 192 Fig. 396).

Abb. 49 Der westliche Abschnitt des Djebelplateaus von Zinchecra. In der linken Bildhälfte die Fundmente des Garamantenhauses Nr. 71 (Abb. 45, 46). Vor dem Berghang – im Bildhintergrund – die Befestigungsmauer Nr. 97 (Abb. 56). Aufnahme in Richtung Südwesten.

Abb. 50 Haus Nr. 2 am Südabhang des Djebel Zinchecra (vgl. Abb. 52): Grundriß und Schnitt. Nach C. M. Daniels, Garamantian excavations, 184 Fig. 38.

der antiken Monumente in Germa und Umgebung.[134]

Saniat Gebril

Wenige hundert Meter östlich von Garamas Lehmziegelhäusern liegt Saniat Gebril[135], wo der Spaten der Archäologen einen größeren Gebäudekomplex 1971 freigelegt hat. Dabei kam auch eine vollständig erhaltene ionische Säule zum Vorschein, die nach Meinung des Ausgräbers zu einer kleinen Ädikula eines Hausaltars gehört haben dürfte. Die Räume des Komplexes, in dem drei Bauperioden erkannt wurden, gruppierten sich beiderseits einer von West nach Ost verlaufenden Mauer. Webstuhlgewichte, Spinnwirtel und Handmühlensteine, die man bei der Ausgrabung fand, beleuchten die Tätigkeit, die von Frauen in einigen der Arbeitsräume des Gebäudes ausgeübt wurde. Die gehobene Keramik macht eine Siedlungsphase vom 1. bis zum 5. Jh. n. Chr. wahrscheinlich, in der das Gebäude für Wohn- und Arbeitszwecke genutzt wurde. Das durch die Ausgrabungen des Jahres 1971 erschlossene Areal von Saniat Gebril ist schon länger von einem Weg und von Feldern überdeckt.

Der Djebel von Zinchecra und seine Umgebung

Auf völlig andere topographische Verhältnisse als in Alt-Germa, das in der Ebene des Wadis Adschal liegt, stoßen wir im unmittelbaren Bereich des flachen Höhenrückens des Djebels Zinchecra[136], dessen Gesteinsmasse sich als Vorgebirge zungenartig in die Ebene des Wadis vorschiebt (Abb. 52, 56, 67, 80). In Zusammenarbeit mit der libyschen Altertümerverwaltung und dem ehemaligen Controller von Fezzan und später Westlibyens, M. S. Ayoub, verwirklichte Charles M. Daniels, Universität Newcastle-upon-Tyne, in den Jahren 1965 bis 1967 ein Forschungsvorhaben, das auf Anregung des verstorbenen englischen Archäologen Sir Ian Richmond initiiert worden war: die archäologische Erkundung der Garamantensiedlung auf dem Djebel Zinchecra. Die auffallende Lage des über der Wadiebene aufragenden Höhenrückens hatte bereits vorher die Aufmerksamkeit der italienischen Forscher auf sich gezogen, die das Gelände in Augenschein nahmen.[137]

Wer den Steilhang erklommen hat und vom Plateau des Djebels aus fast jede Bewegung kontrollierend überblickt (Abb. 44, 55, 56), dem wird bewußt, daß diese markante Stelle im Laufe der Zeit dem Menschen nicht verborgen blieb. Und in der Tat reicht die Geschichte von Zinchecra in die Jahrtausende vor Beginn unserer Zeitrechnung zurück. Die mehrere Meter hohen, senkrechten Felswände unterhalb des Djebelplateaus haben die in den Stein gezeichneten urgeschichtlichen Dokumente über die Zeiten hinweg bewahrt: Bilder von Tieren und auch Menschen.[138]

Eine Auswahl davon wollen wir vorstellen, geht von ihnen doch der Lebensstrom aus, der dann später in die Garamantenzeit überleitet: Giraffen, deren Umrißlinien durch Punktierung oder durch kräftig geführte Gravierung angegeben sind und eine verschieden angewandte Darstellungstechnik spiegeln, die zeitlich bedingt sein könnte (Abb. 47, 56, 59). Vergleichen wir die beiden Giraffen,

51

52

wirkt die eine eher plump, die andere etwas schwungvoller; beide jedoch sind individuell in ihrer Art. Künstler unterschiedlicher Zeichensprache haben ihre Vorstellung von einer Giraffe bildlich umgesetzt. Daß damals Giraffen in diesem Gebiet sich aufhielten, überrascht nicht. Noch Herodot zählte Tierarten auf[139], die in den späteren römischen Provinzen Nordafrikas vorkamen und durch eine allmähliche Klimaänderung verdrängt wurden oder vielleicht auch ausstarben.[140]

Die gleiche Bildtechnik wie die vorhin angesprochene, die Umrisse oder den Körper eines Tieres durch in den Stein eingetiefte Punkte zu umreißen bzw. zu betonen, verraten einige andere Darstellungen: Es sind verschieden proportionierte Rinder mit langem Gehörn, das nach Herodot charakteristisch für diese von den Garamanten gezüchtete Spezies gewesen sein soll.[141] Diese lebte allerdings schon vor der Ankunft der Garamanten im Fezzan, da das Alter der Felsbilder in urgeschichtliche Zeit zurückreicht. Vielleicht dürfen das 5. bis 3. Jt. v. Chr. (die sog. Phase der Hirten oder Rinderzeit) in Erwägung gezogen werden.[142] Auch das Bild eines Menschen fehlt im Programm der urgeschichtlichen Zeichnungen auf Zinchecra nicht.[143] Ein Reiter (Abb. 39), den der «Künstler» in naiver, unbefangener Sicht frontal dem Betrachter entgegengerichtet erfaßt hat; der abgewinkelte rechte Arm dem Hals des Tieres angenähert, wohl um die Zügel zu halten, die linke Hand einen kranzähnlichen Gegenstand – etwa einen Schild? – umspannend, das Pferd in Schrittbewegung mit langem Hals und aufmerksam gehobenem Kopf: So sah der Zeichner Mensch und Tier vorwärtsstreben. Das Bild des «Reitenden Garamanten» wird ehestens um die Mitte des 2. Jts. v. Chr., also frühestens zu Beginn der «Phase des Pferdes», entstanden sein. Von diesem Anknüpfungspunkt aus soll im folgenden auf die Garamantensiedlung übergegangen werden, die von Charles M. Daniels von 1965 bis 1967 erkundet worden ist.[144]

Das Unterfangen konnte sich auf keinerlei Vorarbeiten stützen, die Anhaltspunkte für die Struktur, Ausdehnung und zeitliche Stellung der Siedlung geliefert hätten.[145] Mit den Methoden der prähistorischen Archäologie – Schriftzeugnisse, die als bestimmte Hinweise heranzuziehen gewesen wären, fehlten ja vor Ort[146] – mußte zuerst einmal ein Einblick in die erwartete Schichtenabfolge gemacht und das daraus zutage geförderte Fundmaterial kennengelernt werden. Als Testgelände wurden zwei Stellen am Nordabhang des Djebels ausgewählt (Stelle 11 und 13 [Abb. 38, 40, 42; vgl. auch 55]), wo die Dichte der Siedlungsniederschläge auffiel. Die Probegrabung konfrontierte mit einer Menge keramischen Materials lokaler Herstellung, mit Steinartefakten, Glasperlen, Tierknochen und Bauresten: Die systematische Begehung und Erfassung des Djebelbereiches erbrachte schließlich über 200 Fundstellen *(sites)*, über deren Lage die in den Fundberichten publizierten Pläne orientieren.[147] Das gesamte besiedelte Areal ist an Nord-, Ost- und – partiell – an der Südflanke des Djebels, dem *promontorium* von Zinchecra, von einer Terrassenmauer eingefaßt (Abb. 36, 41), mit der außerdem noch ein oder zwei Mauerzüge auf längere Abschnitte hin parallel laufen. Die Funktion dieser Mauern wird wohl in erster Linie zum Schutz gegen die Bodenerosion und nicht so sehr als Verteidigungswerk gedacht gewesen sein.

Die genaue Befundaufnahme erlaubte es, zwei bis drei Siedlungsphasen heraus-

***Abb. 51** Zinchecra-Südabhang mit den beiden Hanghäusern Nr. 2 (rechter Bildrand, vgl. Abb. 50, 52) und Nr. 3 (linker Bildrand) im Plan Abb. 36 (vgl. auch Abb. 23). Dazwischen – am Ausläufer des Abhangs – die Reste von Garamantengräbern, erkennbar an den runden Steinsetzungen. Im Hintergrund rechts die Fundamente von Garamantenhäusern, im Plan Abb. 36 die Nummern 100–101, 105, 308 (vgl. auch Abb. 53, 54). Aufnahme vom Djebelplateau in Richtung Süden.*

***Abb. 52** Haus Nr. 2 (vgl. Abb. 50, 51) am Südabhang des Djebel Zinchecra. Aufnahme in Richtung Norden.*

53

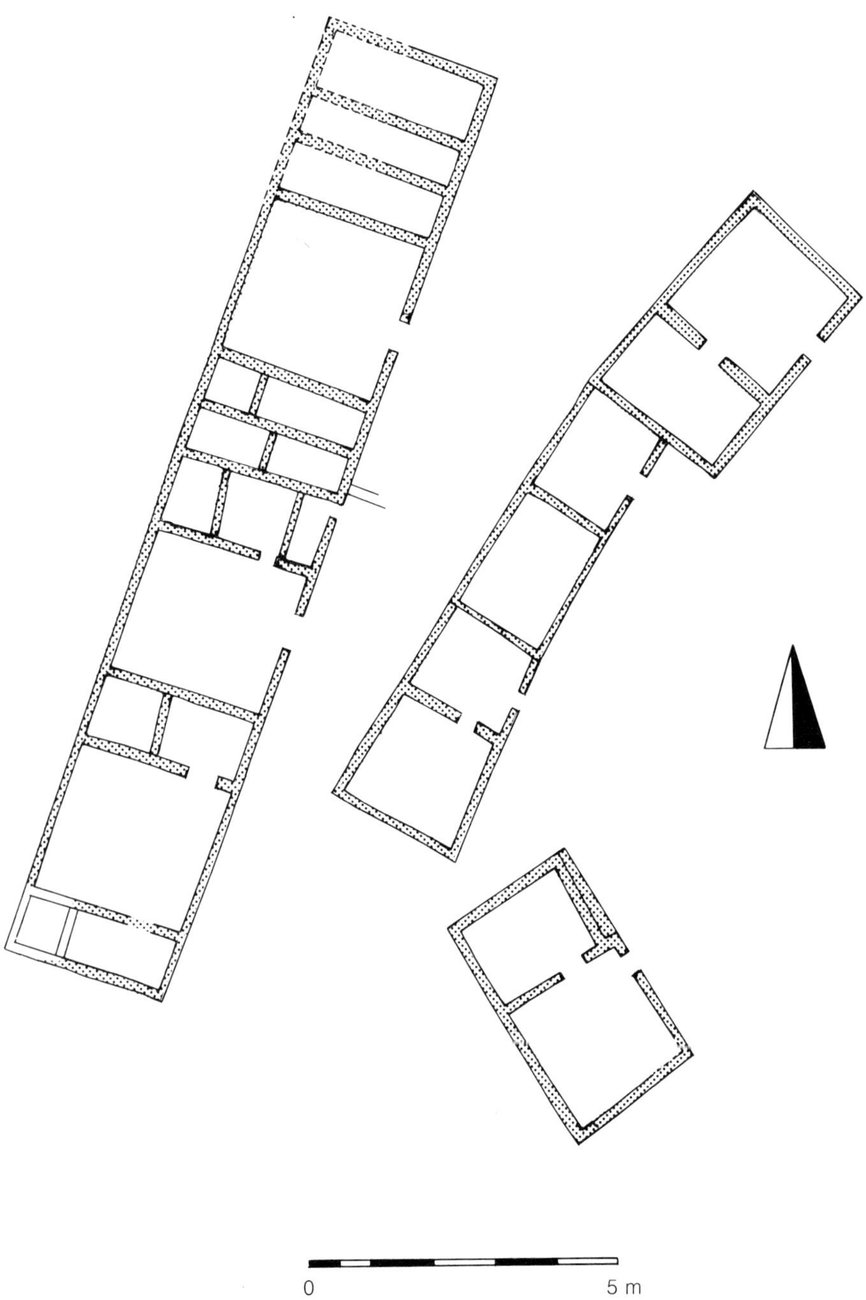

54

zuarbeiten, deren älteste durch in den Fels eingetiefte Herdstellen definiert sind.[148] Darüber lagen die Niveaus der Nachfolgebauten, die aus Trockenmauerfundamenten und Lehmziegeln errichtet waren. Die mitunter erhalten gebliebenen organischen Reste von Palmenholz, Schlingen bzw. Seilen und Stroh ermöglichten dem Ausgräber, die Art der Dachkonstruktion und der Abdeckung zu eruieren.[149] Eine Beobachtung aber, die für fast alle Siedlungsstellen des überprüften Geländes gilt, überrascht: Die einzelnen Gehniveauschichten bestanden nämlich nicht – wie man meinen würde – allein aus gestampftem Lehm- oder Ziegelestrichen, sondern enthielten in gleichem Ausmaß auch Tiermist, der verrät, daß die freigelegten Objekte nicht ausschließlich den Menschen als Unterstand dienten. Wie unglaublich dies für unsere heutigen Verhältnisse auch klingen mag: Sicher selbstverständlich war das demjenigen, dessen Besitz im Vieh lag: Diesem galt die Sorge, von ihm hing der Lebensstandard ab, und Vieh stellte den Wertmesser dar – die Gegenwart braucht von dieser Vorstellung gar nicht ausgenommen zu werden, wie man sich in Ländern Afrikas und des Orients unschwer überzeugen kann. Der deutsche Forschungsreisende Gerhard Rohlfs hat diesen Aspekt bereits aufgegriffen und in einer Notiz festgehalten.[150]

Die räumlichen Ausmaße der von Charles M. Daniels aufgenommenen Siedlungsobjekte bestätigten den Sachverhalt: Nur in wenigen Fällen wäre es gerechtfertigt, von Wohnhäusern, wie sie in griechisch-römischen Städten errichtet zu werden pflegten, zu sprechen. Es waren meist einfache Unterkünfte für den Menschen, neben denen der Stall oder ein kleiner Unterstand für Kleintiere wie Ziegen und Schafe lag. Gebaut wurde nach keiner planmäßigen Grundlage. Die

***Abb. 53** Blick auf einige Räume des Reihenhauses Nr. 100 im Plan Abb. 36 (vgl. auch Abb. 54). Die unteren Reihen der Lehmziegel sind noch gut erhalten.*

***Abb. 54** Grundrisse der Reihenhäuser Nr. 100 und 105 und des Hauses Nr. 103 im Plan Abb. 36 (vgl. auch Abb. 51, 53). Nach C. M. Daniels, Garamantian excavations, 187 Fig. 39.*

***Abb. 55** Zinchecra-Nordabhang. Am rechten unteren Bildrand Fundament eines Garamantenhauses, dahinter links Garamantengräber am Fuß des Djebels. Im Bildhintergrund der Wadi Adschal und die Dünen des Sandmeeres von Ubari.*

55

56

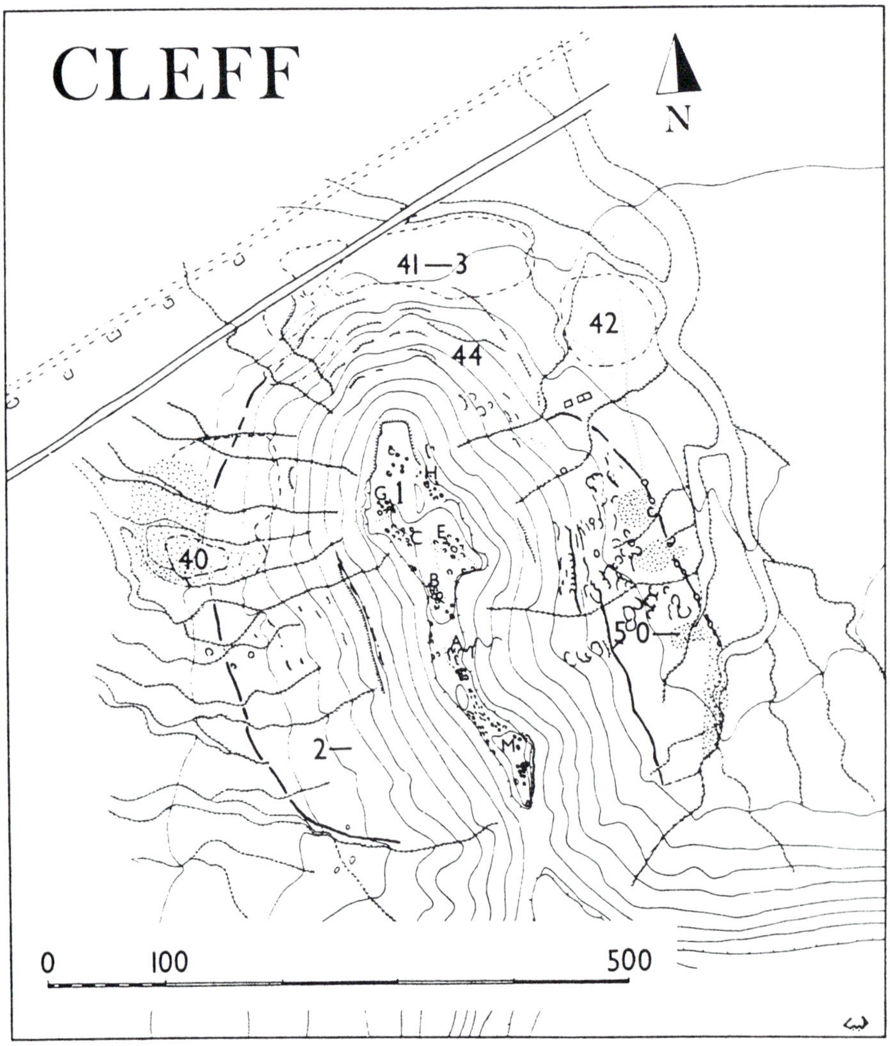

57

Abb. 56 Das Plateau des Djebel Zinchecra, aufgenommen von Westen. Im Bildhintergrund der Wadi Adschal und die Oase von Germa. Im Vordergrund die Befestigungsmauer Nr. 97 im Plan Abb. 36 (vgl. auch Abb. 49).

Abb. 57 Ähnlich wie der Djebel Zinchecra ragt der Felsen von Cleff zungenförmig in die Wadiebene. Auf dem Plateau wurden einfache Hüttenreste vorgefunden. Am Hangfuß befinden sich viele Gräber (40–44 im Plan). Ein über längere Strecken erhaltener Mauerring umschließt den Djebel. Nach C. M. Daniels: Lib Stud 20 (1989) 50 Fig. 5.

Abb. 58 Zu den größten Höhensiedlungen im Garamantenland zählt Tinda, dessen zwei niveaumäßig unterschiedene Siedlungszonen (A–B) von Mauern umschlossen sind. Auch hier umgeben Gräber den Berghang (C, E, H.). Nach C. M. Daniels: Lib Stud 20 (1989) 51 Fig. 6.

Abb. 59 Überblicksaufnahme vom Djebel Zinchecra auf die Gräberfelder von Germa. Im Hintergrund vor dem Bergmassiv liegt der «Königsfriedhof» (Abb. 75). In der Bildmitte erhebt sich, beleuchtet von den letzten Sonnenstrahlen, das Mausoleum (Abb. 85–89), in dessen Nähe sich das Grab mit Vorhof (Abb. 67, 93) und andere Garamantengräber befinden.

Räume durften beispielsweise auch trapezförmigen Grundriß, schräg gesetzte Mauern oder – in Einzelfällen – auch eine apsidenartige Ausbuchtung haben.[151] Die Raumgröße variierte zwischen nur wenigen und einmal sogar 50 qm[152], die Durchschnittsfläche pro Wohn- bzw. Stalleinheit betrug annäherungsweise 15 qm.

Der größte Komplex (Abb. 42) im Bereich des Nordabhanges besteht aus einer Gruppe von acht Räumen und mehreren Herdstellen, die sich auf eine Fläche von ca. 270 qm ausdehnen und von Daniels zwei Perioden (Phasen) zugeordnet wurden. Das Zentrum dieses Konglomerats von Räumen bildete ein kleines Hofareal, von dem aus eine Herdstelle befeuert wurde.[153] Demgegenüber umfassen die meisten anderen Objekte nur zwei Räume. Ein in vier Abschnitte gegliederter Bau präsentiert sich rund 50 m östlich von der eben beschriebenen Gruppe von Räumen. Seine von jener der anderen Objekte unterschiedene Disposition liegt klar zutage: in der Mitte die Herdstelle, flankiert von länglichen Räumen, die in ihrer Gesamtbreite von einem langen Korridor oder einem Hof an der Nordflanke eingegrenzt waren. Von hier gelangte man auch in den größeren der beiden seitlichen Räume.[154] Stellvertretend für andere zeigt Abb. 43 einen Kleinsträumebau, bestehend aus zwei

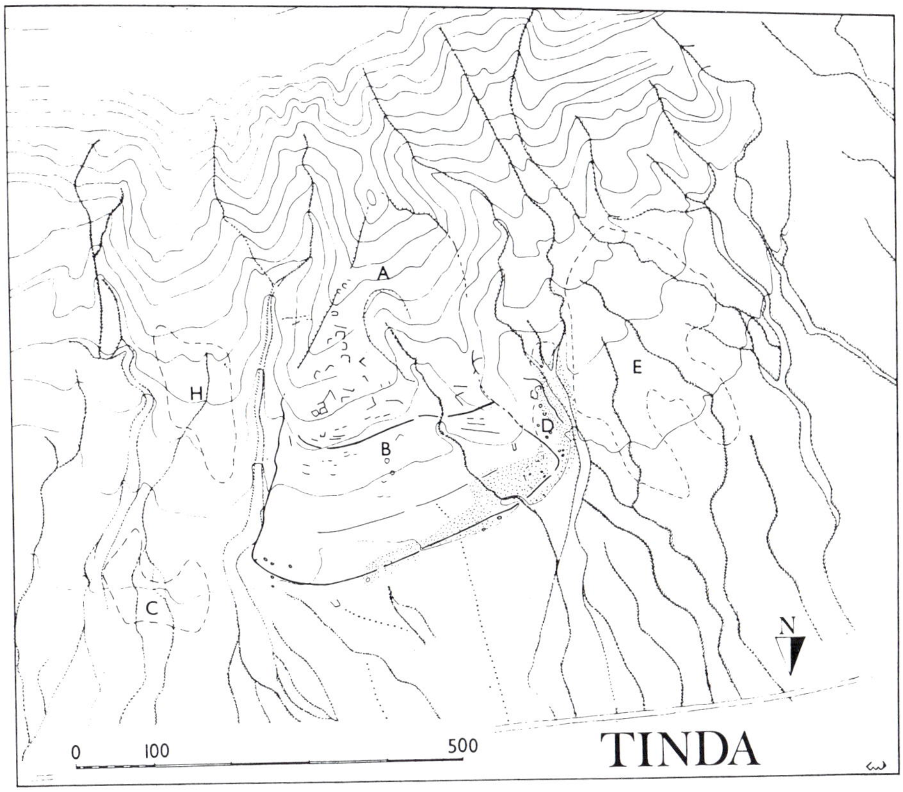

58

gegenüberliegenden Kammern von 2 x 2,70 m. Die Fundamente der teilweise noch erhaltenen Trockenmauern sind in den anstehenden Felsen eingetieft worden. Ein durch Erosion entstandener Graben trennt die einst miteinander verbundenen Kammermauern in zwei Kompartimente.[155]

Während die Abhänge des Djebels Terrassierungen und andere Arbeiten in bescheidenem Ausmaß erforderten, stand auf dem östlichen Djebelplateau eine

59

60

61

Fläche zur Verfügung, die sich für eine Verbauung in vorgegebenem Rahmen eignete. Die Nutzung des Geländes seit prähistorischer Zeit hat sich von Natur aus förmlich empfohlen (Abb. 56, 67). Der aufragende Fels verlieh den Menschen ein Gefühl von Sicherheit und erwies sich bei Gefahren als eine immer wieder angestrebte Zufluchtstätte. Das Ausmaß der Garamantensiedlung haben die englischen Archäologen unter der Leitung von Charles M. Daniels festgestellt. Eine Reihe von Abarbeitungen im anstehenden Fels (Abb. 47) und Mauerstrukturen bestimmten das Bild eines Konglomerats von überwiegend einräumigen Hütten (Abb. 37, 44–46) und Ställen, innerhalb dessen dem «Apsishaus» kurze Aufmerksamkeit gebührt (Abb. 45, 46); ein zwei Phasen zuweisbarer Bau vereinigte zwei Räume, deren zeitlich früherer, 4 x 3 m messender Raum drei Herdstellen – eine vierte befand sich in der Nähe der Tür und war teilweise in den anstehenden Fels eingetieft – aufwies. Später fügte der «Hausherr» dem bereits bestehenden einen weiteren Raum an, dessen westliche, ihrer Struktur nach ziemlich roh ausgeführte Außenwand ungefähr einer Apsis gleicht.[156]

Mit der Erwartung, Näheres über die Konstruktion eines Holzbaues in Erfahrung zu bringen, verknüpfte man die Freilegung einer Stelle im südöstlichen Winkel des Plateaus, wo in einer Linie angeordnete Einarbeitungen im Fels auffielen – offensichtliche Indizien für die Annahme einer Holzkonstruktion. Leider wurde die Hoffnung nicht erfüllt, da die in den Fels eingetieften Löcher nicht mit dem freigelegten Mauerwerk korrespondierten und offensichtlich einer anderen Bauphase angehörten.[157] Die in der nördlichen Längsmauer ausgesparte Türöffnung hatte eine Breite von 0,90 m.[158]

Um noch bei Einarbeitungen im Felsen zu verweilen: Sicherlich führen einige davon die Funktionsbezeichnung Pfostenlöcher zu Recht, für andere fehlte eine Erklärung. F. Sattin waren schon früher mehrere größere Ausnehmungen am östlichen Plateauende aufgefallen (Abb. 47), über deren Verwendungszweck er sich nicht genau äußerte.[159] Erst durch die Ausgrabungen von Daniels wurde eine Deutungsmöglichkeit erschlossen. Manche Eintiefungen innerhalb der Siedlung enthielten nämlich Holzkohlenreste, die für eine Funktion als Feuer- oder «Grillbecken aus Stein» sprachen.[160] Ihre Lage außerhalb einer Behausung im Freien erforderte kein längeres Anblasen, um die Holzkohle zum Glühen zu bringen, da der über das Plateau streichende Luftzug den Einsatz eines Blasebalges ersetzte. Der Ausgrabungsbefund legte somit eine Präzisierung des Verwendungszwecks der Lochserie (Abb. 47) nahe, deren Bezeichnung als «große Schmelztiegel» *(«grande coppelle»)* den Sachverhalt nicht allzuweit verfehlt hatte.[161] Schließlich darf eine weitere Deutungsmöglichkeit den übrigen hinzugefügt werden, nach der die Vertiefungen im Felsen der Aufnahme von Mahlsteinen für Getreide gedient hätten.[162]

Die Schwierigkeit der Datierung, auf die anfangs angespielt worden war, wurde durch die zahlreichen Scherbenfunde und das übrige Material nicht behoben. Während die noch der prähistosichen Keramiktechnik verhafteten Gefäßfragmente erwartungsgemäß keine Datierung in zeitlich engeren Grenzen erlauben, wurden solche durch Perlen annähernd umschrieben: Die sogenannten Augenperlen (Abb. 48 links), deren weiße oder blaue «Augen» sich vom blaugrünen Grund abheben, waren im Mittelmeerraum der späthellenistischen Zeit häufig verlangte Artikel, die vorwiegend in Ägypten hergestellt wurden und sogar im Alpenraum und in England als exotische Fundstücke vertreten sind.[163] Ihr Vorkommen in den späteren Niveaus und als Oberflächenfunde am Djebel Zinchecra führt in das 3. bis 1. Jh. v. Chr. und liefert so den Zeitraster für die Entstehung der dortigen Garamantensiedlung, deren Ende schließlich durch die später – an der Wende vom 1. zum 2. Jh. n. Chr. – entstandenen Gräberfelder markiert wird. Außer Augenperlen verwendeten die Garamanten in der Siedlung einfachere, farblose Perlen bikonischer Form, die Charles M. Daniels bereits in die frühe Kaiserzeit datiert hat.[164] Auch sie dürften als ägyptische Handelsware angesprochen werden, die ihren Weg über die Ost-West-Binnenroute in das Garamantenland genommen hatte.[165]

62

***Abb. 60** Das Gräberfeld von El Hatir (vgl. Abb. 12, 74).*

***Abb. 61** Restauriertes und verputztes Mastaba-Grab im Königsfriedhof von Germa, Nord- und Ostseite wie Abb. 77.*

***Abb. 62** Detail eines Mosaiks aus El Alia (Tunesien) mit der Darstellung einer zeltförmigen Strohhütte (vgl. Abb. 64). Diese Behausungen der Landarbeiter nannten die Einheimischen Mapalia (aedificia Numidarum agrestium, quae mapalia illi vocant . . ., nach Festus). Bardomuseum Tunis.*

63

Ansonsten fanden die Ausgräber ein für eine solche Siedlung typisches Material. Einige Geräte waren aus Stein hergestellt worden wie etwa Klingen und Schaber, Reibsteine und kleine sattelförmige Handmühlen oder konische Gewichte, alles für das Alltagsleben von Viehzüchtern und Getreidebauern notwendige Dinge. Die große Menge des gehobenen Keramikmaterials wird von bauchigen Vorratsgefäßen «prähistorischer Machart» bestimmt, dazu gesellen sich Krüge, Schüsseln und Platten. Nur vereinzelt veredelte Importgut[166] vom Küstenbereich den einfachen, aber zweckmäßigen Geschirrbestand im Haushalt der Garamanten von Zinchecra, auf deren Speiseplan auch Ziegen-, Schaf- und Rindfleisch stand.[167] Kuriose Züge zeichnen einen bombenförmigen Topf aus (Abb. 48): Die hochgezogenen Henkel, ein aufgelegter plastischer Längswulst und zwei Punktauflagen verkörpern Ohren, Nase und Augen, die, zusammen mit der Umrißkontur gesehen, dem Topf das Aussehen eines Vollgesichts verleihen und ihn als beachtenswertes Unikat in die Gruppe der Gesichtsgefäße einreihen.[168] Zum Schmuck zählen außer Glas- auch Steinperlen aus Karneol, Straußeneischalen und Kaorimuscheln, die als Halsketten getragen wurden. Von diesen Materialien weisen besonders Schalen von Straußeneiern auf eine jahrtausendealte Funktionstradition hin: Seit dem Ende der Altsteinzeit in Nordafrika fungierten sie sowohl als Gefäße wie auch als Schmuckstücke.[169]

Dem Schutzbedürfnis der Garamanten auf dem Djebelplateau wurde durch den Bau zweier Mauern dort entsprochen, wo der annähernd ebene Höhenrücken endet und der Berg ziemlich steil anzusteigen beginnt (Abb. 49, 56). Der schmäleren Mauer – sie hatte eine Bastion – war ein ca. 1 m tiefer in den Fels gehauener Graben vorgelagert. Die wesentlich stärkere, 20 m lange, fast 2 m breite und 3 m hohe Mauer einer späteren Periode besteht aus massiven Steinquadern, die an der Außenseite besser als an der Innenseite ausgeführt sind (Abb. 50).[170]

Verlassen wir nun das Plateau des Djebels, um uns dessen Südabhang zuzuwenden, wo von Giacomo Caputo, einem der Mitglieder der italienischen Expedition in den Fezzan im Jahre 1934, mehrere Mauerstrukturen bemerkt, teilweise ausgegraben und kurz beschrieben worden sind.[171] Ein Blick vom Djebelabhang nach Süden läßt den Besucher die seinerzeitige Beobachtung gut nachvollziehen: Einige Häuserreste werden am Fuß des Berges, andere an dessen relativ steil abfallender Süd- und Ostflanke wahrgenommen (Abb. 37). Charles M. Daniels hat während seiner Geländeaufnahmen die Mauern einer nochmaligen Überprü-

***Abb. 63** Garamantengräber an den Abhängen, die den Wadi el-Adschal im Süden einrahmen. Die aufgenommene Stelle liegt westlich von Gasr Sidi Daoud (vgl. Abb. 124).*

***Abb. 64** Heutige Mapalia wie diese werden immer weniger (vgl. Abb. 62). Hinter der Hütte hebt sich ein bewässertes Feld in Kreisform vom Sand ab.*

***Abb. 65** Der Wadi Bousna, ein Nebental des Wadi el-Adschal. Außer Felsritzzeichnungen findet man dort zahlreiche Garamantengräber, die – Vogelnestern gleich – an den Hängen liegen (vgl. Abb. 63).*

***Abb. 66** Modell eines garamantischen Grabes mit Steinkranz, Grabmensa und Stele in Handform im Museum von Germa. In der Mitte des Grabes Skelett in typischer Haltung (mit angezogenen Beinen), am Rand Beigaben.*

64

65

fung unterzogen, nachdem sie seit Caputos Recherchen[172] das Interesse von M. S. Ayoub[173] auf sich gelenkt hatten. Daniels gelang es, die wenigen im Text von Caputo erwähnten Häuser zu identifizieren. Der von ihm veröffentlichte Übersichtsplan zeigt einen gravierenden Unterschied im Vergleich zu den Mauerzügen am Djebelplateau und am Nordabhang auf. Anders als dort formen die Mauern regelmäßig geplante Hausgrundrisse, die drei Typen zuschreibbar sind: dem Ein- oder Zweikammerhaus, ähnlich jenem am Nordabhang, der mehrräumigen «Villa» (Abb. 36, 50–52) und dem Reihenhaus.[174] Jede der aufgezählten Formen sei durch ein Beispiel erläutert.

Zwei Räume vereinigt das 8,2 x 6 m große Haus Nr. 5. Ein schmaler Eingangs- oder Vorraum ist dem Hauptaufenthaltsraum vorgelagert. Die Konzeption erinnert an das griechische Megaronhaus. Der Aufbau erfolgte in Steinquaderwerk und Lehmziegeln, einer Kombination, die auf viele Garamantenhäuser zutrifft.[175]

Eine gemessen an den übrigen Bauten luxuriöse Villa erhob sich am unteren Djebelsüdabhang. Sie trägt die Nummer zwei in Caputos Kurzbeschreibung (Abb. 50, 51). Die Lage am Hang machte Terrassierungen und Stützmauern in größerem Ausmaß erforderlich, als dies bei anderen Objekten notwendig gewesen wäre. Die Räumlichkeiten erstrecken sich über drei Ebenen, deren unterste den Eingangsbereich bildete. Ein kleiner Vorraum und ein längliches Zimmer stellen die nächste Etage dar, deren Konzeption sich im obersten Niveau wiederholt findet, nur daß dort der Größenunterschied zwischen den beiden Räumen nicht so divergiert. Sorgfältig zubehauene und verlegte Steinquader unter-

66

67

68

69

schiedlicher Größe bezeichnen das Fundament der Villa, deren Innenwände aus Lehmziegeln anscheinend nicht minderer Qualität bestanden.[176]

Die beste Sicht auf drei Reihenhauskomplexe bietet sich vom Südabhang des Djebels, an dessen Fuß sie angelegt worden waren (Abb. 36, 51, 53, 54). Die östlichste Gebäudereihe von 34 x 6 m Größe besteht eigentlich aus drei geräumigen Zimmern und einigen dazwischen liegenden Kammern. Daß einzelne Räumlichkeiten keinen Eingang zu haben scheinen und dem vorliegenden Plan nach nur über Leitern zu erreichen gewesen wären, dürfte seine Ursache in verschiedenen Umbaustadien und Adaptierungen haben, durch die bestehende Öffnungen und Durchgänge geschlossen oder verlegt wurden. Insgesamt umfaßte der Reihenhauskomplex 17 Räumlichkeiten. Das sporadisch angetroffene Fundmaterial trug nichts zur Klärung der Baugeschichte der aus Lehmziegeln aufgemauerten Anlage bei[177], deren Grundrißkonturen sich reliefartig vom steinigen Grund abheben (Abb. 51).

Die Besiedlungsstruktur am Djebel Zinchecra besitzt ihre größte Dichte am Nordabhang, während sie am Süd- und Ostabhang sporadisch feststellbar ist. Als eine von der Natur befestigte und an der Westseite durch Mauern und Graben geschützte Höhensiedlung nach Art eines «*castellum in tumulis*», um in Anlehnung

***Abb. 67** Grab mit Vorhof (vgl. Abb. 93). Vor der Grabkammer dreieckige und obeliskenförmige Stelen, von deren insgesamt sechs noch drei aufrecht stehen. Im Hintergrund der Djebel Zinchecra.*

***Abb. 68** Das garamantische Gräberfeld von Saniat ben Howedi. Überblicksaufnahme in Richtung Westen. Vorne runder Grabschaft, am rechten Bildrand rot verputzte Grabstele (Grab 3) (vgl. Abb. 82), davor Libationsplatte (vgl. Abb. 69).*

***Abb. 69** Detailaufnahme eines Garamantengrabes (Grab 3) mit rot verputzten Grabstelen und Libationsplatte (vgl. Abb. 68, 82).*

***Abb. 70** Saniat ben Howedi: Ausschnitt aus dem Gräberplan mit eingetragenen Grabstellen der Frühphase. Nach C. M. Daniels: Lib Stud 20 (1989) 53 Fig. 8.*

***Abb. 71** Saniat ben Howedi: Ausschnitt aus dem Gräberplan mit eingetragenen Grabstellen der späteren Phase. Nach C. M. Daniels: Lib Stud 20 (1989) 54, Fig. 9.*

***Abb. 72** Das Gräberfeld von Charaig (vgl. Abb. 12).*

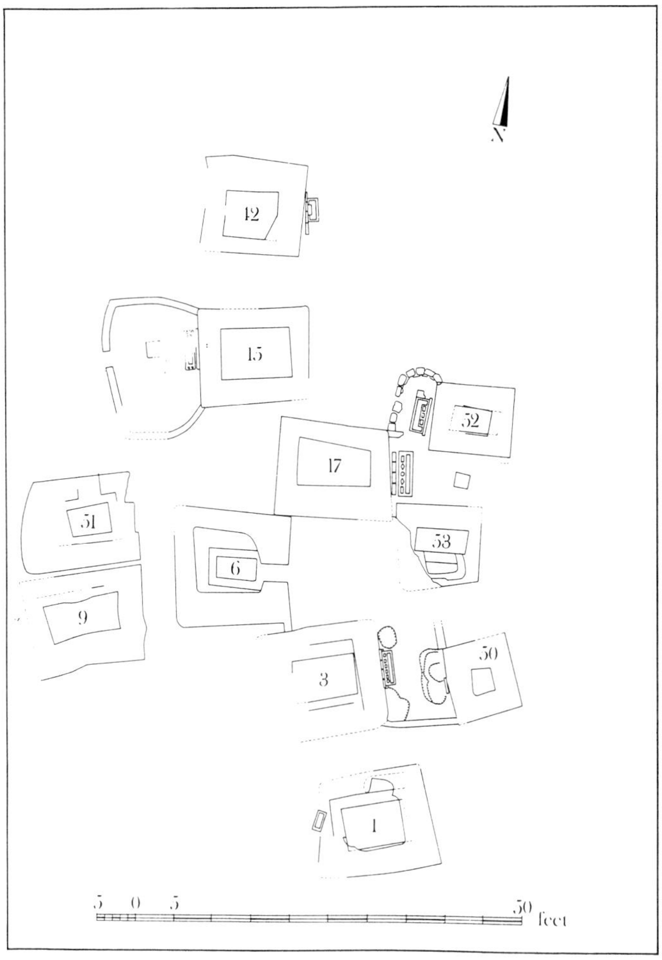

70

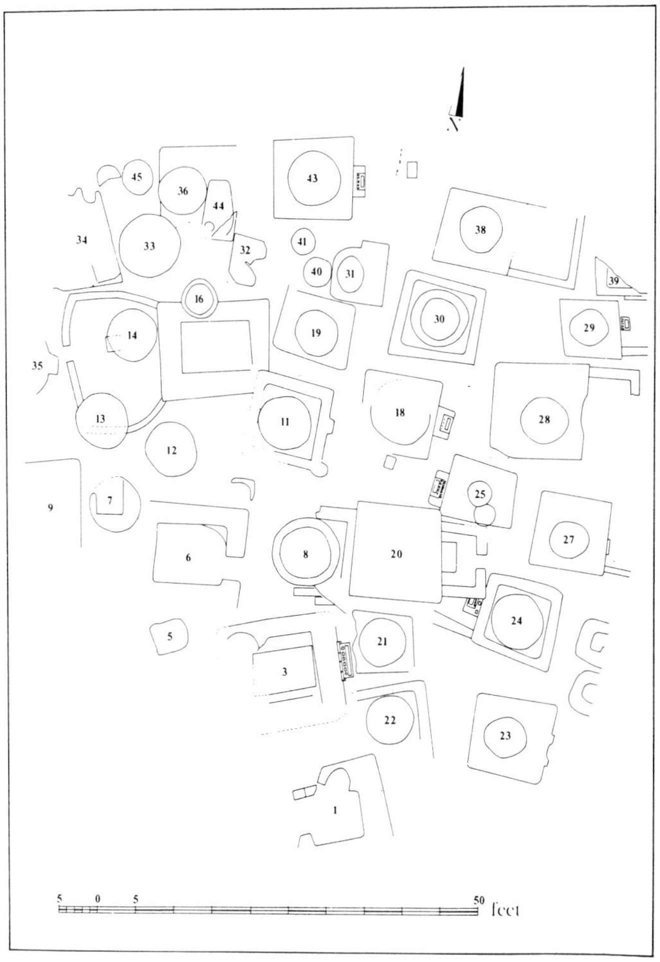

71

an den Dichter Vergil zu sprechen[178], präsentiert sich das von bescheidenen Unterkünften für die Menschen und deren Kleintiere bestandene Bergplateau. Das «Villenviertel» (Abb. 50–52) nimmt in der Siedlungsabfolge die zeitlich späteste Stellung ein, die nach Meinung des Ausgräbers noch in das späte 1. Jh. n. Chr. datiert.[179] Insgesamt hat das von den «Djebel-Garamanten» bewohnte Areal um und auf Zinchecra den Berechnungen von Charles M. Daniels zufolge eine Fläche von rund 20–25 ha umfaßt[180], die vergleichsweise – bleiben wir in Nordafrika – etwa der Größe des Legionslagers von Lambaesis in Numidien entspräche[181], ehe an der Wende vom 1. zum 2. Jh. die Stätte des Lebens in eine der Toten umgewandelt wurde: Ab dieser Zeit umgeben Gräberfelder das Promontorium von Zinchecra (Abb. 40, 51, 55).

Mit der Erschließung des Geländes von Zinchecra und der partiellen Freilegung von Steinbauten in Alt-Germa, dem alten Garama, wurden den sicher bedeutendsten Siedlungsstätten im Kernland von Phazania/Fezzan ihre lang behüteten Geheimnisse zumindest teilweise entrissen. Daß die Garamanten auch andere Siedlungen auf Djebelplateaus bewohnten, steht seit intensiven Geländebegehungen ab 1969 fest. Eine dieser Höhensiedlungen vom Zinchecra-Typ, Cleff 2, wurde 1969 prospektiert und kurz beschrieben (zur Lage vgl. Abb. 12).[182]

Daß aber voraussetzbare zahlreiche einfache Garamantenunterkünfte in den Wadis von Phazania sich dem archäologischen Nachweis bisher entzogen haben, liegt am vergänglichen Material, aus dem sie bestanden: Holz, Binsen- und Strohgeflechte, wie sie noch heute in recht gefälliger Weise die im Fezzan errichteten Hütten charakterisieren (Abb. 64). Das Fehlen dieser einfachen, in weiten Teilen Nordafrikas üblich gewesenen und von Sallust[183] oder Livius[184] *«mapalia»*[185] genannten Stohhütten in der archäologischen Indizienkette ersetzen bis zu einem bestimmten Grad manche bildliche Darstellungen auf Mosaiken; sie vermitteln einen ungefähren Eindruck

72

73

74

von deren ursprünglichem Aussehen.[186] Ein aus El Alia in Tunesien stammendes und im Bardomuseum aufbewahrtes Mosaik gibt Form und Aufbau einer derartigen Hütte wieder (Abb. 62)[187]: Über einem zylinderförmigen Körper erhebt sich ein Kegel mit zur Seite geneigter Spitze[188]. Zwei Gesimse sind darin eingezogen. Sie dienten der Stabilisierung des spitzen und hohen Kegeldaches. Die nach oben hin hufeisenförmig abgeschlossene Türöffnung durchbricht sowohl den trommelförmigen Unterbau als auch den untersten Stumpf des Kegeldaches. Das Äußere kennzeichnen die vertikale Gliederung des trommelförmigen Unterbaus und die kreuzförmig geflochtene Struktur des Hüttendaches. Trommel bzw. Zylinder und Kegel als Bestandteile architektonischer Ausdrucksform prägen jene einheimisch-afrikanische Bautradition, die ihre monumentale Ausgestaltung in den Grabmausoleen Numidiens erfahren hat[189] und die hiermit Elemente der hellenistischen Architektur – sie ist mit eindrucksvollen Werken vertreten – auch auf afrikanischem Boden vereinigt.[190]

Außer einheimischen Fachleuten im Baugewerbe wurden in Garama auch solche beschäftigt, die ihre Schulung in römischer Bautechnik erhalten hatten und als Spezialisten mit der Errichtung von Häusern aus solidem Quadersteinwerk beauftragt waren, wie einige Häuser und Mausoleen in und um Alt-Germa lehren. Im übrigen bevorzugte man als Baumaterial Lehm- bzw. mit Dung vermengte Schlammziegel und Holz oder schichtete roh belassene Steine zu Mauerwerk auf.[191]

75

76

77

Abb. 73 Gräber von Charaig (vgl. Abb. 72).

Abb. 74 Gräber von El Hatir (vgl. Abb. 60, Nahaufnahme).

Abb. 75 Der Königsfriedhof («Royal cemetery») in Germa. Zur Lage vgl. auch Abb. 59. Blick in Richtung Norden.

Abb. 76 Eines der «Königsgräber» in Mastabaform. Im Hintergrund wird der Djebel Zinchekra sichtbar. Aufnahme in Richtung Westen.

Abb. 77 Ost- und Nordseite (partiell sichtbar) des in Abb. 61 gezeigten Mastaba-Grabes.

Höhensiedlungen

Die bekannteste Höhensiedlung in den «Fauces Garamanticae», dem Kernland der Garamanten im Wadi Adschal, ist zweifellos jene am Djebel von Zinchecra gewesen, dem unsere Erläuterungen vorhin galten. Daß außerdem noch andere Plätze in Frage kamen, wo sich die garamantische Bevölkerung sicher fühlte, beweisen jene Höhenrücken, die den Wadi Adschal flankierend begleiten: Zwei davon müssen in diesem Zusammenhang genannt werden. Die Siedlungen von Tinda und Cleff – östlich und westlich von Garama gelegen. Der von Charles M. Daniels veröffentlichte Plan der Höhensiedlung von Cleff zeigt die gleichen topographischen Grundzüge wie jene auf dem Djebel Zinchecra, während die Garamantenhütten in Tinda sich auf zwei von Mauern geschützten Niveaus am Abhang erstrecken. In beiden Stätten umgeben Gräber den Siedlungsbereich.[192]

78

79

Abb. 78 Mosaik aus einer römischen Villa in Zliten an der tripolitanischen Küste, ca. 25 km östlich von Leptis Magna (vgl. Abb. 1, 7). Die Darstellungen zeigen u. a. auch einen auf einem Wagen Stehenden mit gefesselten Händen, der von einer Bestie angefallen wird. Museum Tripolis (The Jamahiriya's Museum), Erdgeschoß, Eingangshalle.

Abb. 79 Grab mit zwei Stelen vor dem Eingang. Im Hintergrund rechts der Djebel Zinchecra.

Abb. 80 Bewässertes Feld im Wadi el-Adschal in Brech (vgl. Abb. 12).

Abb. 81 Das römische Kastell von Gheriat el-Garbia (Anfang 3. Jh.) im Morgenlicht. Aufnahme in Richtung Westen: In der Bildmitte das Kastelltor mit den beiden Tortürmen, Teile der Mauer und Zwischentürme sind noch erhalten. Unterhalb der Felsenzunge mit dem Kastell liegen die Oase und der heutige Ort Gheriat.

Die Bestattungen und religiösen Vorstellungen

Nekropolen und Gräber

Gräber und nichts als Gräber – so könnte der Reisende seine Eindrücke vom Garamantenland schildern. In geradezu erdrückender Anzahl liegen die Gräber meist an den felsigen Bergabhängen, die den Wadi Adschal im Süden flankieren, dunklen Vogelnestern gleich offen zutage (Abb. 63, 65). Ihre genaue Anzahl konnte nie eruiert, sondern nur grob geschätzt werden. Als Minimum gab Caputo 45 000 Gräber an, die, zu Nekropolen angehäuft, den Boden übersäen. Die größten Gräberfelder um Alt-Germa wurden von Caputo in einer Luftaufnahme lagemäßig festgehalten und in eine *necropoli meridionale, orientale ed monumentale, centrale und necropoli del Mausoleo* eingeteilt[193] (Abb. 59). So gewaltig auch ihre zahlenmäßige Dimension sein mag: Die vielleicht zu erwartende Fülle von Informationen bewegte sich in wesentlich bescheideneren Bahnen, da der Großteil der Gräber ihres Inhalts beraubt war, ehe sie mit der in Europa perfektionierten Ausgrabungsmethode erkundet und «befragt» werden konnten.[194] Außer den Hunderten von nestartigen Gräbern ziehen vor allem jene in Pyramidenform die Aufmerksamkeit auf sich, obgleich sie – zahlenmäßig beschränkt – nur an wenigen Stellen zu Gruppen vereint vorkommen.[195]

Die Garamanten pflegten die Toten der Erde zu überantworten. Brandbestattung wurde – von einzelnen Ausnahmen abgesehen – nicht geübt. Muhammad S. Ayoub führte Ausgrabungen im sogenannten «Royal Cemetery», dem von Caputo als *necropoli monumentale ed orientale* benannten Gräberfeld, in den frühen sechziger Jahren durch. Ihm und C. M. Daniels glückten die wichtige Entdeckung und die daran anschließende teilweise Erforschung des Garamantenfriedhofs von Saniat ben Howedi in der Nähe von Garama.[196] Weitere Detailbeobachtungen an Gräbern im Bereich des Promontoriums von Zinchecra im Herzen des Wadis el-Adschal nahm das englische Archäologenteam[197] vor. M. S. Ayoub und C. M. Daniels haben dazu beigetragen, daß die seit der italienischen Fezzanexpedition in einige wissenschaftliche Publikationen eingeflossene Kenntnis von den Garamantengräbern modifiziert und bereichert werden konnte. Die Grabarchitektur, mit einfacheren und aufwendigeren Beispielen vertreten, griff Elemente aus dem ägyptischen Raum auf, sie ist aber auch durch Turmmausoleen des späthellenistisch-römischen Typus in erstaunlichem Ausmaß präsent, worauf man in der Fachliteratur bewundernd hingewiesen hat. Blieb der Brauch, den Leichnam in den vorgesehenen Grabschacht zu senken, gleich, so zeigte das Äußere der Gräber unterschiedlichen Aufbau. Demnach unterscheidet man:

1. Pyramidengräber
2. Stufenpyramidengräber (Mastabas)
3. Gräber mit Steinkranz
4. Gräber mit Ziegelaufbau

80

81

82a

5. Turmmausoleen
6. Sonderform: Grab mit Vorhof («Heroon»).

Pyramidengräber

Gräber dieses Typus wurden an drei Örtlichkeiten festgestellt, nämlich am Bergabhang von Charaig (Abb. 72–73) und zweimal in der Nähe von Hatir (Abb. 60, 74).[198] Die aus gelben Lehm- und Schlammziegeln bestehenden Grabpyramiden befinden sich in einem Zustand, der einer dringenden Sanierung bedürfte, damit der bereits merkliche Verfallsprozeß nicht noch mehr fortschreitet. Außer Erwähnungen und gelegentlichen Abbildungen von Pyramidengräbern im Schrifttum[199] liegen keine Aufzeichnungen vor, aus denen Einzelheiten hinsichtlich des Aufbaus und der Größen- und Maßverhältnisse zu entnehmen wären. Wie der Großteil der anderen Gräber waren die Pyramiden bereits ausgeraubt, ehe die Forscher sich für sie zu interessieren begonnen hatten. Die Pyramiden form wird am deutlichsten in el Hatir dokumentiert, wo die Gräber – Mahnmälern gleich – aus dem sie umgebenden Sandmeer einige Meter hoch emporzuwachsen scheinen.

Stufenpyramidengräber

Mastaba-Gräber, wie sie noch heißen, erheben sich über dem Grabschacht in zwei Stufen. Sie haben sich in ihrer architektonischen Ausprägung unter anderem im sogenannten «Königsfriedhof» von Germa erhalten, wo nach den Recherchen der italienischen Expedition 1934[200] Muhammad S. Ayoub Ausgrabungen vorgenommen und ein Restaurierungsprogramm teilweise verwirklicht hat.[201] Der auffälligste Unterschied zu den übrigen Gräberfeldern liegt in einer Nord-Süd-orientierten Reihe von Stufenpyramiden, die nach Meinung von Ayoub Königen – deshalb der Name «Royal cemetery» – zugeschrieben werden müßten (Abb. 61, 75–77). Die den Grabungsbefunden von dem libyschen Archäologen abgelesenen Informationen reichen allerdings nicht aus, um die Bezeichnung der Mastabas als Grabstätten der Könige von Garama und die von Ayoub im Anschluß daran erstellte chronologische Abfolge dieser Gräber vom 1. bis zum 6. Jh. n. Chr. für gerechtfertigt zu halten, zumal die gehobe-

***Abb. 82** Gräberfeld an der südöstlichen Peripherie von Ghadames mit vermutlich zahlreichen Bestattungsplätzen aus der Garamantenzeit.*

***Abb. 82a** Das garamantische Gräberfeld von Saniat ben Howedi in der Oase von Germa. Gräber bestehend aus Ziegeln, aus denen der Grabschacht – im Bild links oben – aufgemauert ist. Rechts Libationsplatte mit dazugehörenden vier mit rotem Verputz versehenen Stelen des Grabes 17, vorne rechts eine weitere Libationsplatte, die zum Grab 52 gehört. Blick in Richtung Süden.*

***Abb. 83** Urgeschichtliches Rundgrab in der Nähe von Fai Uad (Feuet), ca. 13 km westlich von Ghat (vgl. Abb. 111, 112).*

***Abb. 84** Runder Grabschacht aus Ziegeln, davor Libationsplatte des Grabes 18 von Saniat ben Howedi.*

nen Beigaben, deren Zusammensetzung sicherlich auf eine gewisse Wohlhabenheit der Bestatteten schließen ließ, verglichen mit anderen aber eine nicht so hervorragende Stellung einnehmen[202], wie sie M. S. Ayoub erkennen zu müssen glaubte.

Interesse beanspruchen die von Ayoub gegebenen Beschreibungen hinsichtlich der vor einigen Mastabas *in situ* aufgefundenen Libationsplatten und Steinstelen in Form einer Hand oder eines Horns (Abb. 66, 79, 94), von denen die eine oder andere eine Inschrift in Tifinagh (vgl. Abb. 118) trug. Dienten die hier wie auch in Saniat ben Howedi entdeckten Libationsplatten, die es später noch zu beschreiben gilt[203], dem Grabkult, darf den Stelen in Finger- bzw. Hand- oder Hornform Symbolgehalt zugebilligt werden, in dem eine apotropäische Gestik mit enthalten zu sein scheint, wie sie sich in einer Serie von Überlieferungsträgern teils uralter Traditionen auch mittelmeerischen Ursprungs dokumentiert hat.[204] Libationsplatten bzw. Stelen waren ca. 3 m vom Grabmal entfernt aufgestellt gewesen[205], an letzteren wurden die Reste von roter Farbe festgestellt. Durch die Konservierungsmaßnahmen an dem am besten erhaltenen Stufengrabmal (Grab 30) (Abb. 61, 77) sollte das ursprüngliche Aussehen der Wände durch glatten, hellen Verputz vor Augen geführt werden. Mit Mörtel- und Ziegelpflaster hatte man die etwa 3 bis 4 m tiefen Grabkammern bzw. die Grabschächte ausgekleidet, auf deren Sohlen Leichnam und Beigaben gelegt worden waren. An minimalen und maximalen Längenwerten der unteren Stufen von Mastabas wurden 2 bis ca. 7 m vermerkt.

Gräber mit Steinkranz

Die unglaubliche Anzahl der als charakteristisch geltenden Garamantengräber hat die Besucher des Fezzans zu jeder Zeit erstaunen lassen. Die von G. Caputo[206] angegebene Anzahl von ca. 60 000 Grabstellen beruhte auf einem Ermittlungsversuch, der durch einen nach genau fixiertem Rastersystem vorzunehmenden Vermessungsplan in Sisyphusarbeit neuerlich überprüft werden müßte. Die wie Steinnester wirkenden Grabstellen schmiegen sich zu Gruppen angehäuft an die Abhänge der Erhebungen entlang der Wadis (Abb. 63, 65). Die Errichtung eines solchen Grabes erforderte keine allzu umfangreichen Maßnahmen. Der eingetiefte Schacht wurde mit Steinen ausgekleidet und die so entstandene Kammer durch eine runde Steinsetzung obertags ummantelt, die einen Durchmesser von einigen Metern hatte. Zur Orientierung: Dieser betrug beispielsweise bei einem Grab im «Königsfriedhof» etwa 6 m, während an Tiefe der – in diesem Fall nicht eckigen, sondern runden – Grabkammer 2 m gemessen worden waren.[207]

Nach Ansicht der Fachleute datiert diese Grabform in eine frühere Zeit als die anderen, insofern die wenigen gesicherten und fundierten Daten aus Gräberfeldern als Beurteilungsgrundlage herangezogen werden. Vor vielen Gräbern befanden sich Libationsplatten und handförmige Stelen (vgl. Abb. 66, 69, 82, 84). Machten sich in der Architektur der zuvor gegliederten Grabtypen ägyptische Elemente als beeinflussende Faktoren geltend, so drängt sich hier die Frage auf, ob Gräber mit Steinkranz als eine Form spezifisch garamantischer Prägung verstehbar sind oder ob ihr Aufbau einer

83

84

85

Gräber mit Ziegelaufbau

Der vorliegende Grabtypus kombiniert das Steinmaterial des Schachtes mit dem aus Lehmziegeln darüber errichteten Aufbau, über dessen einstiges Aussehen durch die Forschungen in Saniat ben Howedi (Abb. 68, 69, 82, 84), wo man auf diese Grabform zum ersten Mal gestoßen war, auch keine klaren Auf-

***Abb. 85** Darstellung eines Dromedars auf der Westseite des Mausoleums (vgl. Abb. 86) in der Höhe der dritten Quaderlage des Grabmals.*

***Abb. 86** Die Ostseite des Mausoleums.*

***Abb. 87** Das Mausoleum, aufgenommen von Süden. Im Hintergrund die Oase von Germa.*

***Abb. 88** Grundrisse von Mausoleen vom Typus Gasr Uatuat (vgl. Abb. 86, 87). 1.–3. aus Twesh; 4. aus Fugar; 5. aus Germa (siehe Abb. 86, 87). Nach C. M. Daniels, The Garamantes of Fezzan, Fig. 12.*

***Abb. 89** Rekonstruktion des Gasr Uatuat genannten Mausoleums (Abb. 86, 87). Nach C. M. Daniels, The Garamantes of Fezzan, Fig. 11.*

***Abb. 90** Pfeilergrabmal ca. 57 km südlich von Mizda, das H. Barth schon besichtigt, beschrieben und gezeichnet hat. Teile der Bauplastik liegen verstürzt am Boden.*

Traditionsreihe entmündet, die in der saharischen Vorgeschichte wurzelt. Eine fundierte Beantwortung ohne Kenntnis der verschiedenen Entwicklungsstränge saharischer Gräbertypologie, der jeweils örtlichen Verhältnisse und der eventuellen zeitlichen Beziehungen wird kaum möglich sein, doch soll an sogenannte Ringgräber erinnert werden, deren Verbreitungsbild einen weiten Raum zwischen Ostafrika und den Atlasländern – gewiß mit Modifikationen – abdeckt.[208] Es sind dies dem Durchmesser nach den Garamantengräbern entsprechende runde Steinsetzungen[209] mit in deren Zentrum liegender Grabgrube (Abb. 83). Das Vorkommen auf ansteigendem Gelände, auf Terrassen und Steilstufen[210], haben diese Gräber mit jenen der Garamanten gemeinsam, so daß ein entwicklungsgeschichtlicher Zusammenhang zwischen möglicherweise neolithischen und garamantischen «Ringen», die ja die älteste Grabform im Garamantenland verkörpern, nicht abgelehnt zu werden braucht.

86

87

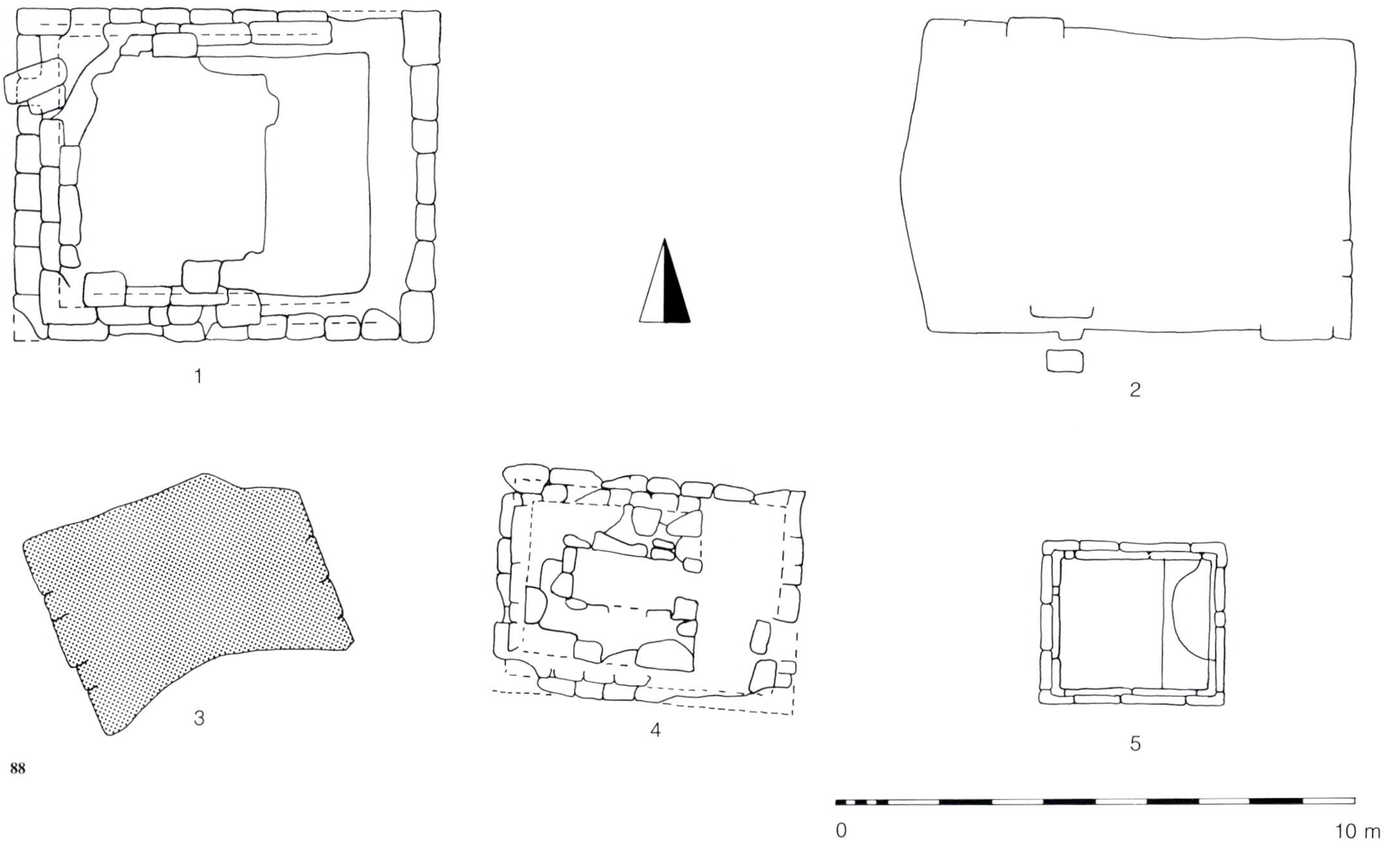

88

89

90

91

schlüsse erzielt wurden. Die Ziegelreste bildeten eine Anhäufung undefinierbarer Form, die eine Rekonstruktion des Aufgehenden nicht mehr erlaubte. Eine gewisse Hilfestellung ermöglichen vielleicht die anderenorts entdeckten Gräber von Goddua (außerhalb des Wadis el-Adschal), deren Oberbau aus Lehmziegeln eine schachtelartige Gestaltung aufwies.[211]

Mausoleen

Forschungsreisende des 19. Jhs. wie Heinrich Barth (1821–1865)[212] (vgl. Abb. 116) oder Henri Duveyrier (1840 bis 1892)[213] dürften wohl ihren Augen nicht mehr getraut haben, als ihnen bei ihrem ersten Besuch in Germa ein Grabmal, umgeben von Garamantengräbern, auffiel, dessen Architektur sich in diesem Land wie ein durch eine Fata Morgana verursachtes Trugbild ausnehmen mußte (Abb. 59, 86, 87): Ein römisches Grabmal, weit entfernt von der südlichsten Grenze des Imperiums, inmitten eines garamantischen Gräberfeldes. Die Ehrfurcht vor der Totenruhe hat es all die Jahrhunderte, die seit seiner Erbauung vergangen waren, vor der Zerstörung bewahrt. Der Zahn der Zeit vermochte dem Kalkstein kaum etwas anzuhaben, nur einige Bauglieder waren herabgestürzt und lagen, das Mausoleum umgebend, am steinigen Boden. Sie wurden im Zuge erster Sanierungsmaßnahmen während der italienischen Saharaexpedition dem Steinquaderwerk wieder integriert. Weitere Konservierungsmaßnahmen sollten erst Jahrzehnte danach folgen, so daß der

***Abb. 91** Zwei Turmgrabmäler im Wadi Merdum bei Mselleten im tripolitanischen Hinterland.*

***Abb. 92** Fundament eines Grabmals vom Typus Gasr Uatuat inmitten des moslemischen Friedhofs von Brech (vgl. Abb. 12). Aufnahme von Südwesten.*

***Abb. 93** Grab mit Vorhof. Aufnahme in Richtung Westen. Rechts hinten der Djebel Zinchecra (vgl. auch Abb. 67).*

jetzige Zustand dem Memorialbau außer Stabilität für die kommenden Jahre gewiß auch jene Ausstrahlung sichert, die das Grabmal als der südlichste Vertreter römischer Grabmalarchitektur verdient.[214]

Sein Einmaligkeitscharakter ging allerdings seit den sechziger Jahren durch die Entdeckung einiger anderer Mauerstrukturen im Wadi el-Adschal verloren, die zu gleichen, allerdings größer dimensionierten Mausoleen desselben Typus gehörten (Abb. 88, 89, 92).[215] Nochmaliges Studium und genaue Aufnahme der von Caputo damals verzeichneten Bauglieder des Gasr Uatuat genannten Mausoleums führten 1965 zu dessen Rekonstruktion auf dem Papier und einer danach erfolgten Restaurierung des Denkmals (Abb. 86, 87).[216] Das Bauwerk erhebt sich auf einem dreistufigen, rechteckigen Podium von ca. 3 x 3,5 m Seitenlänge fünf Meter hoch.[217] Ionisch-korinthische Mischkapitelle und Basen, zwischen denen eigenartigerweise ein sie verbindender Pilasterschaft fehlt, zieren die Ecken. Gehen wir aber davon aus, daß die Quadersteine verputzt waren, dann bedarf es keiner großen Schwierigkeit, sich die beiden gleichsam schwebenden Pilasterteile durch die Andeutung des (in Stein fehlenden)[218] Schaftes in Form einer dickeren, vielleicht sogar durch Farbnuancierung von der übrigen Fläche abgestuften Verputzschicht vorzustellen. Eine weitere Eigenheit am Mausoleum fällt erst bei dessen Betrachtung von der Süd- oder besonders von der Nordseite auf: Sie ist dadurch bedingt, daß die Längsseite des Aufgehenden der Breitseite des Sockels entspricht, somit ein kleiner Teil der Stufenplattform der Ostfront unverbaut bleibt und ein unausgewogen wirkendes Proportionsverhältnis im unteren Bereich des Grabmals zu bestehen scheint, das Caputo durch die angedeutete Verlängerung der Seitenwand und vermutlich durch die Angleichung dieser an die Sockellänge zu korrigieren versuchte (Abb. 87, 88/5).[219] Daß dieser Verbesserungsvorschlag dem ursprünglichen Aussehen nicht gerecht wurde, hat die nochmalige Beschäftigung mit dem Monument nahegelegt.[220] Eine frontale Betrachtungsweise mit der Schauseite nach Osten war eine der Gestaltungsgrundlagen, die dem Monument zugrunde lagen. Der nunmehrige Zustand umfaßt auch ein Steinplattenpflaster, das die Sockelzone umgibt (Abb. 86, 87). Den Abschluß nach oben bildeten ein auskragendes Gesims und ein Giebel mit Eckakroteren, von denen noch beachtliche Reste dokumentiert wurden.[221]

Welche Stellung nimmt das Mausoleum von Germa innerhalb der Gräberarchitektur Nordafrikas ein? Der Typus der Pfeilergrabmäler, dem es zugerechnet wird, ist durch einige monumentale Beispiele im einstigen numidisch-karthagischen Kernland seit dem 3. Jh. v. Chr. vertreten, das – genauso wie das östliche Mittelmeergebiet oder Sizilien – hellenistisches Formengut empfangen und mit anderen Elementen verbrämt für eine Architektur eigener Prägung weiterverarbeitet hat.[222] Hierin liegt der Ansatzpunkt für jene weitere Entwicklung, die über die römische Grabarchitektur, vertreten durch damals weitverbreitete Pfeilergrabmäler, zur Ausbildung fast hybrider Formen dieses Grabmaltypus in Tripolitanien führte (Abb. 91) und die im garamantischen Garama den südlichsten Punkt seiner Verbreitung jenseits der Grenze des Imperium Romanum gefunden hat.[223] Aufbau und Bauornamentik sowie die topographische Situation des Pfeilergrabmals inmitten von Garamantengräbern südlich des Promontoriums von Zinchecra[224] (Abb. 59) widersprechen nicht einer Datierung in das späte 1. und frühe 2. Jh. n. Chr., worauf schon Caputo in seinen Ausführungen angespielt hat.[225]

Nach den Bemerkungen, die der Struktur des Mausoleums galten, stellt sich die

92

93

Frage, für wen es errichtet worden sein könnte. Eine Grabinschrift, die über den Inhaber des Mausoleums Auskunft gegeben hätte, konnte nicht nachgewiesen werden. Da eine solche also fehlte, sondierte Caputo das unmittelbar zum Grabmal gehördende Terrain. Denn nur durch eine Bodenuntersuchung würde der merkwürdige Umstand, daß das Mausoleum selbst keine Grabkammer enthielt oder auf einer solchen stand[226], geklärt werden. Tatsächlich wurde 0,70 m vor der Westmauer des Mausoleums ein mit größeren Steinen ausgekleideter Schacht angeschnitten, der zwei Amphoren mit Leichenbrand barg.[227] Es war dies übrigens die einzige Grabstelle, die Leichenverbrennung in den Gräberfeldern um Garama nachweisbar machte. Die Lage dieses Brandgrabes unmittelbar vor dem Mausoleum und die Sonderstellung, die es im Totenbrauchtum der Garamanten anzudeuten schien, erlaubten keinerlei Zweifel an der Zusammengehörigkeit von Bestattungsort und Grabmal.

Caputo folgerte aus dem ihm vorliegenden Befund, daß der Grabinhaber ein «römischer» Kaufmann gewesen sein mußte[228], der nach seinem Tod gemäß dem Ritus seiner Heimat – ob diese Rom, Italien oder eine Provinz gewesen sein mochte, entzieht sich jeder Beurteilung – verbrannt und bestattet zu werden wünschte. Die von Charles M. Daniels in späterer Zeit entdeckten Reste gleicher Mausoleen (Abb. 88) und die durch die Ausgrabungen inzwischen gewonnenen archäologischen Dokumente[229] lassen die Frage für berechtigt erscheinen, ob hier nicht eine nuanciertere Betrachtungsweise angewandt werden sollte, deren Lösung in einer Differenzierung gesellschaftlicher und sozialgeschichtlicher Vorgänge innerhalb des Volkes der Garamanten gesucht werden müßte. Daß nämlich die Errichtung von Häusern nach Art von «Villen» und von Mausoleen in Quadersteintechnik nicht allein durch die Anwesenheit römischer Spezialisten eine Erklärung findet, sondern von der Seite der Auftraggeber, die eine andere Bauweise, Wohnkultur und schließlich Grabarchitektur als die herkömmliche verwirklicht sehen wollten, zu beleuchten ist, dürfte als eine Wegmarke in Richtung eines besseren Verständnisses der gesellschaftlichen Zusammenhänge im Garamantenland verstanden werden. In welche Richtung auch immer eine künftige Diskussion zielen wird: Der Einfluß römischer Architektur hat in Phazamia monumentale, beeindruckende Zeugnisse hinterlassen.

***Abb. 94** Libationsplatte und Grabstele in Form von vier Fingern, aufgestellt im Museum Tripolis (The Jamahiriya's Museum), Erdgeschoß, Abt. Libyan Tribes.*

***Abb. 95** Libationsplatte (Grabmensa) mit verschiedenen Ausnehmungen von einem Garamantengrab. Museum Germa.*

***Abb. 96** Libationsplatte mit verschieden großen Vertiefungen. Museum Germa.*

94

95

Sonderform: Grab mit Vorhof

In der Nähe des Mausoleums hat Giacomo Caputo einen Grabbau erschlossen, der eine Sonderstellung unter den übrigen Gräbern einnimmt.[230] Der Grundriß ist dem einer Tempelcella ungefähr vergleichbar (Abb. 67, 93). Die Mauern umschreiben ein regelmäßiges Rechteck, das in zwei Abschnitte unterteilt ist, in einen vorderen – er wurde als Atrium bezeichnet – und in einen rückwärtigen, in dem sich das eigentliche Grabmal quadratischen Grundrisses befindet. Unmittelbar vor der Ostseite des Grabmals wurden in der Höhe des Durchgangs ein länglicher Trog und zwei runde Bottiche aus Sandstein gefunden.[231] Aus dem Grabinneren stammen zwei Amphoren, Stücke davon und einige Glasfragmente, während der Boden vor dem Grab außer Amphoren und anderer Keramik auch die Reste von Gläsern, kurzum ein an Zahl beachtliches Inventar von verschiedenen Gegenständen freigab, die nach Meinung des Ausgräbers den Zeitraum vom 1. bis zum 4. Jh. n. Chr. abdecken.[232]

Die Verbindung des Grabmals mit einem «Atrium» erinnerte Caputo an Befunde in der semitischen Welt, wo im Temenos eines Heiligtums die Gläubigen sich zur Ruhe legten, in der Hoffnung, der Gottheit im Traum zu begegnen.[233] Bei Herodot heißt es, daß die den Garamanten benachbarten Nasamonen Eide an den Gräbern hochverehrter Persönlichkeiten leisteten, wo sie auch wahrsagten, beteten und sich zum Schlafe hinlegten.[234] Die zeitliche Streuung des innerhalb des Grabmals aufgelesenen Fundmaterials spricht jedenfalls für eine längere Benutzungsphase der Stätte, die – als eine Art Heroon – von Garamanten zum Zwecke der Inkubation aufgesucht wurde. Trifft diese Deutung zu, wäre hier eine spezielle Form antiken Grabbrauchtums greifbar geworden.

Grabbrauch

Die Garamanten überantworteten die Toten der Erde. Brandbestattung, wie sie im Mausoleum Gasr Uatuat nachgewiesen wurde, wich vom gängigen Grabbrauch ab und ist als Ausnahmefall zu betrachten, der möglicherweise vor einem anderen Hintergrund verständlich wird.[235] Das Bild der Depositio des Leichnams zeigte im allgemeinen ein-

96

97

98

heitliche Züge. Wo die Gräber noch intakt waren, nahm das Skelett meist eine sitzende oder kauernde Stellung ein, mit an die Brust gelegten Armen und an den Körper gepreßten, angezogenen Beinen[236] (Abb. 66), eine Stellung, wie sie die Natur schon beim Embryo vorgezeichnet hatte. Dem Schoß der bergenden Erde wurde der Mensch nach seinem Tode wieder anvertraut, wenn sich der Kreis des Lebens geschlossen hatte. Daß die Garamanten an eine Form des Weiterlebens geglaubt haben, darf aus den in das Grab gelegten Beigaben gefolgert werden. Die an den Gräbern im «Königsfriedhof» von Garama und anderswo befindlichen Stelen sind entweder roh gefertigt oder haben die Form einer Hand (ohne Daumen) (Abb. 66, 94) bzw. eines Hornes[237] (Abb. 79, 118), durch die signalisiert wurde, daß das Grabmal unter göttlichem Schutz stand und jede Zerstörung die Strafe der Götter auf sich zog – ein apotropäischer Grundzug, welcher der punischen Grabsymbolik entlehnt worden sein könnte.[238] Andererseits sind Handdarstellungen in Höhlenmalereien und Felsbildern der Rinderzeit vertreten, so daß deren symbolischer Ausdruckswert gewissermaßen schon vorgeprägt erscheint.[239] Caputo hat noch weiter differenziert, indem er den Hörner-Gestus von der phönikischen, den Handgestus von der karthagisch-libyschen Kultur als übernommen ansah.[240]

Eine Stele in Obeliskenform wurde bei einem Grab in der königlichen Nekropole, dem «Royal cemetery» nach Ayoub, freigelegt.[241] Sie in formenkundlichen und auch bedeutungsmäßigen Zusammenhang mit punischen Stelen zu bringen[242], könnte als eine weitere Mög-

99

Abb. 97 Blick auf die Garamantengräber von Saniat ben Howedi. Die Grabbauten bestanden aus Lehmziegeln. Aufnahme in Richtung Südwesten.

Abb. 98 Garamantengrab mit rundem Schacht und Libationsplatte in Saniat ben Howedi.

Abb. 99 Libationsplatte aus Sufetula/Sbeitla (Tunesien), Museum Sbeitla: Servierplatte mit Fischdarstellung und drei runden Vertiefungen. Die halbmondförmige Ausnehmung diente der Verankerung der Grabstele.

Abb. 100 Glasbecher mit griechischer Inschrift aus Sopianae (Pannonien), anhand deren ein Glasfragment aus einem Garamantengrab mit Inschriftrest in Garama ergänzt werden kann. Nach F. Fülep, Sopianae, 1984, 67 Fig. 22.

100

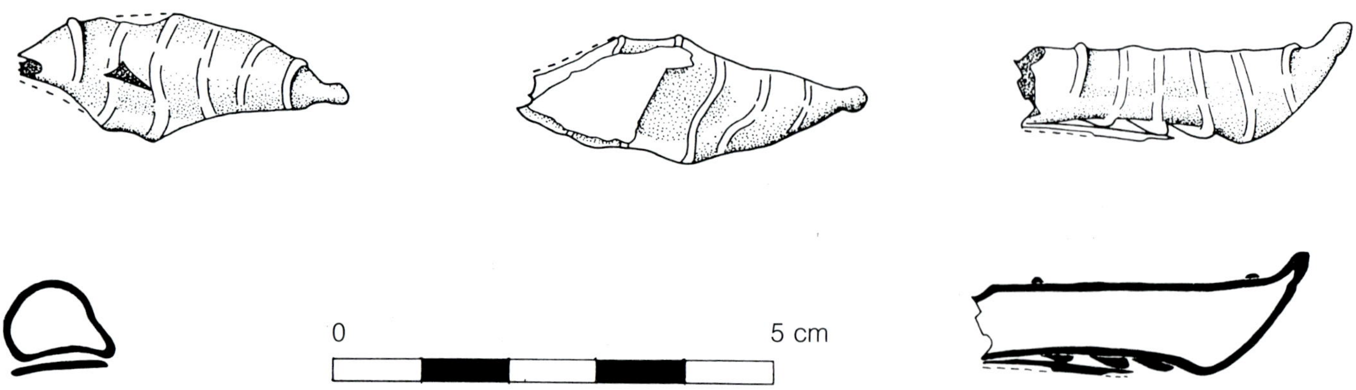

101

lichkeit einer Beeinflussung durch die semitische Kultur eingeschätzt werden. Außer Trägern symbolischen Gehalts standen an den Gräbern noch Libationsplatten oder Mensae, wie sie der italienische Ausgrabungsbericht nennt. Es sind dies längliche Steinplatten unterschiedlicher Größe, in die eine Reihe von runden oder rechteckigen/quadratischen Einarbeitungen eingetieft worden waren (Abb. 82, 84). Das Gewicht der größeren, aus nubischem Sandstein gehauenen Libationsplatten von ca. 1,5 m Länge 0,70 m Breite und 0,50 m Höhe kann mehrere Zentner – nach Ayoub bis zu einer Tonne – betragen (vgl. Abb. 95 bis 96).[243] Die verschiedenen Eintiefungen dienten der Aufnahme der Speise- und Trankopfer, die an den Gräbern der Verstorbenen (im «Royal cemetery» und in Saniat ben Howedi äußerst deutlich) dargebracht wurden[244] (Abb. 69, 82, 84, 98). Dies erfolgte an deren Sterbetag oder zu Totengedenkfeiern, an denen es Brauch gewesen sein mochte – um die Worte Ovids zu zitieren –, *«die Seelen der Väter (durch Gaben) zu versöhnen».*[245] Die Kombination von Stele und Libationsplatte wird in ihrem ursprünglichen und unveränderten Zustand *(in situ)* an den Gräbern in Saniat ben Howedi gut dokumentiert[246], wo sich der rötliche Verputz der Stelen am besten erhalten hat (Abb. 69, 82).

Totenmähler und Totengaben spiegeln ein uraltes menschliches Anliegen wider, der Verstorbenen zu bestimmten Anlässen zu gedenken. Wie auch immer die gedankliche Verbindung zwischen Lebenden und Toten vorstellbar erschien, sie in ihrer Tiefe auszuloten bleibt der archäologischen Beweisführung versagt. Diese stellt nur das Faktum der Verbindung fest, die sich durch die oben skizzierten Mensen manifestiert. Verfolgt man nun die mit diesen Steinplatten verbundene archäologische Quellenlage, so führt hier die Spur nach Numidien (z. B. Sitifis/Setif, Timgad), in die Byzacene (Abb. 99) und nach Tripolitanien, wo recht ähnliche Platten mit Vertiefungen an Gräbern bekannt wurden.[247] Die Spende an die Toten hätte keiner sprechenderen Illustration mehr bedurft, als sie etwa in Numidien in Stein verewigt worden

102

***Abb. 101** Fragmente eines sogenannten Fischbechers aus Garama/Saniat Gebril. Einen fast vollständigen Becher zeigt Abb. 102. Nach C. Tagert: Lib Stud 13, 1982, 81 Fig. 1.*

***Abb. 102** Im Römisch-Germanischen Museum zu Köln ausgestellter Fischbecher, anhand dessen die Fragmente Abb. 101 ergänzt werden können.*

***Abb. 103** Fayence-Gefäße aus Gräbern in Saniat ben Howedi, Garama/Germa. Nach C. Tagert: Lib Stud 14, 1983, 144 Fig. 1.*

ist.[248] Außer dem auf Tellern und Platten *(lances)* servierten Essen wie Fischen, Broten und dergleichen liegen auch Schöpfkelle und Bestandteile des Eßbestecks bereit, auf deren Darstellung die garamantischen Auftraggeber auf den für die Gräber bestimmten Steinplatten zugunsten einer bisweilen viel größeren Anzahl von verschieden geformten Ausnehmungen verzichtet hatten. Ob daraus auf eine gelegentlich reichere Spendenvielfalt geschlossen werden darf, als sie in Numidien üblich war, verschweigen die Steine. Abgesehen davon, daß der Brauch, Totenmähler abzuhalten und den Toten Gaben zu spenden, im Orient wurzelt[249], um von dort Eingang in die antike Welt zu finden, ist an der Adaptierung dieser Denkweise durch die römische Kultur und in deren Gefolge an einer nahezu globalen Übernahme und Ausprägung, wie genügend Grabreliefs beweisen, nicht zu zweifeln. Die Mensen Numidiens, der Byzacene, Tripolitaniens und Phazanias umschreiben in dieser Entwicklung des römerzeitlichen Grabkults eine der besonders beachtenswerten Nuancen, die sich im nordafrikanischen Saturnkult in bildlich vergleichbarer Weise manifestiert und auch im christlichen Grabkontext nachgewiesen werden konnte.[250]

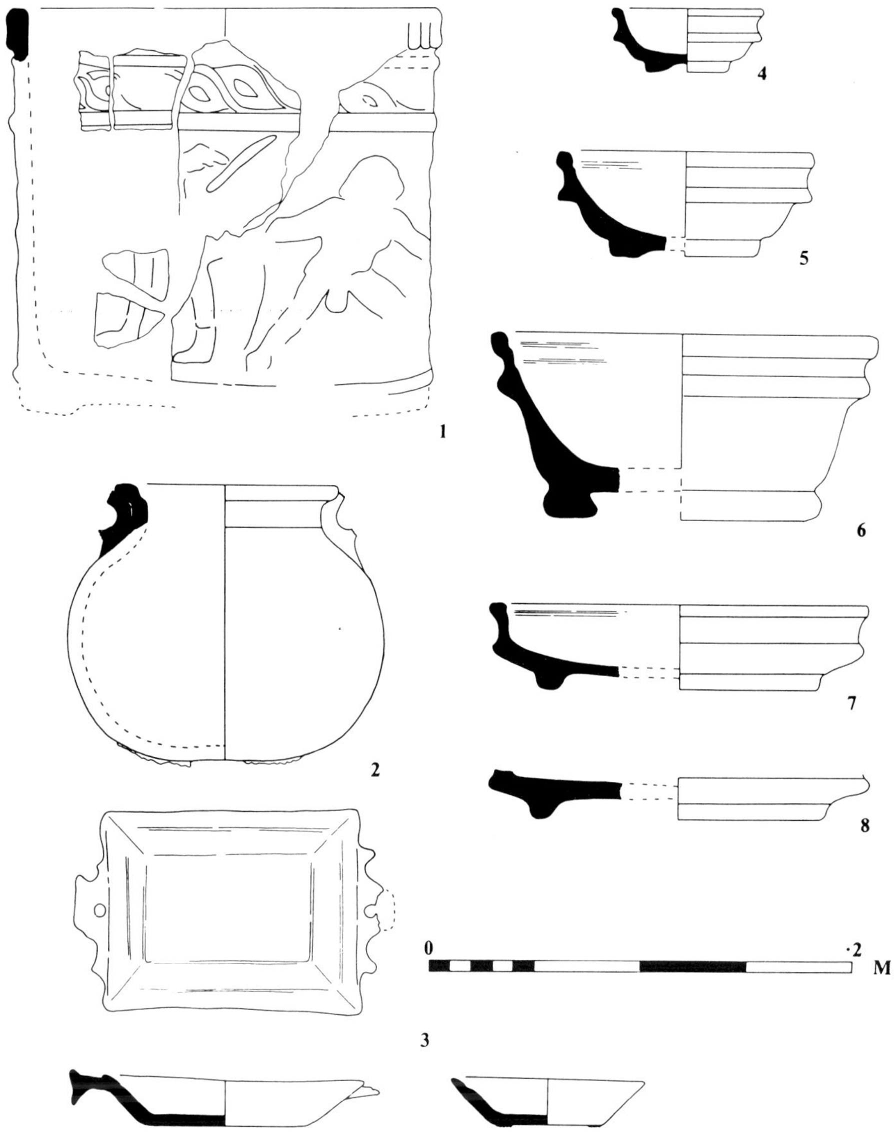

103

Grabbeigaben

Die während der italienischen Ausgrabungskampagne im Fezzan ans Licht geholten Beigaben, deren die meisten Gräber schon vorher beraubt worden waren, hat Giacomo Caputo in seinem ersten Expeditionsbericht summarisch angeführt[251] und später dann aufgelistet und genauer beschrieben.[252] Die Liste der erfaßten und nach Rom transportierten Grabfunde umfaßt in erster Linie Tongefäße – mitunter enthielten sie auch die Reste von Speisebeigaben –, Gläser, seltener Schmuckgegenstände und Gewebereste. Die libyschen und englischen Ausgrabungen erbrachten später wertvolles Fundgut aus Gräbern, das in den Ausstellungsräumen des Museums von Garama dem Besucher präsentiert wird.

Keramik

Die Masse der aus Gräbern stammenden Keramik gruppiert sich in einheimische und die für Datierungszwecke heranzuziehende Importware. Prunkstück der lokal hergestellten Gefäße war eine konische Tasse mit Henkel und ausladendem deren mit geometrischem Ritzdekor verzierte Oberfläche außerdem Bemalung trug.[253] Als Fundort dieser und zweier weiterer ähnlicher Tassen gab G. Caputo die *«necropoli monumentale»* an.[254]

Die Feinkeramik wird durch das damalige Tafelgeschirr, die *Terra Sigillata*, bestimmt, deren Determinierung zwei Bezugsquellen namhaft machte: den italischen und südgallischen Raum einerseits und das afrikanische Provinzland andererseits, dessen Erzeugnisse unter den Namen *African Red Slip Ware* und *Terra Sigillata Tripolitana* zusammengefaßt werden.[255] Die frühesten Sigillaten bezogen die Garamanten durch Vermittlung der einstmaligen punischen Emporien und nunmehrigen römischen Städte an der tripolitanischen Küste aus dem italischen Bereich. Ein Schüsselfragment zeigte noch den Rest eines Töpferstempels in Mondsichelform, der Anfangs- und Endbuchstaben des Namens L. Rasinius Pisanus im Genetiv überliefert.[256] Einen identischen Stempel dieses gegen Ende des 1. Jhs. n. Chr. tätigen italischen Töpfers, den außerdem noch ein Grabfund in Saniat ben Howedi nennt, hat nun P. M. Kenrick aus Berenike, der antiken Vorgängerin der heutigen Stadt Benghazi, vorgelegt.[257] Zwei Beigabenensembles in Saniat ben Howedi bereicherten die Belege für oberitalische Keramik des späten 1. Jhs. n. Chr. um einige von Töpfern mit dem gleichen Pränomen Sextus signierte Teller, Platten und Schüsseln.[258] Die Verlagerung der Keramikproduktion vom italischen Mutterland nach Gallien macht sich durch das Vorhandensein südgallischer Sigillata, etwa einer unveröffentlichten Schüssel[259] mit Reliefverzierung aus Banassac[260], auch in Garama bemerkbar. Besonders die Gräber von Saniat ben Howedi erweisen sich hinsichtlich des Vorkommens von Sigillatagefäßen und deren Imitationen als aufschlußreiche Fundquelle, deren Detailanalyse noch aussteht.

Als seltenere Beigaben als die Gefäße wurden Tonlampen angeführt, die aufgrund ihrer serienmäßigen Herstellung in Gips- oder Tonmodeln als Firmalampen bezeichnet werden.[261] Zwei davon geben den in den Boden eingetieften Herstellernamen Iuni Alexi an.[262] Was die Lampenerzeugung betrifft, so muß hier eine ähnliche Schwerpunktverlagerung, wie sie in der Sigillataproduktion nachgewiesen werden konnte[263], stattgefunden haben: nicht mehr das italische Mutterland allein, sondern neugegründete Töpfereien in den Provinzen versorgten die Märkte mit eigenen Produkten – Markenschutz und Urheberrechte unterlagen im Gegensatz zu heute keiner gesetzlichen Wahrung.[264] So nimmt es nicht wunder, wenn in der *Africa Proconsularis* und anderswo einige Töpferwerkstätten entstanden[265], die ihre Produkte gewinnbringend absetzten, darunter höchstwahrscheinlich auch die mit Iuni Alexi signierten Firmalampen aus den Gräbern 9 und 10 der *«Necropoli del Mausoleo»*.[266] Lampen desselben Typus kommen auch in Berenike[267] und Karthago vor.[268] Die Fundorte, zu denen sich gewiß auch noch andere in Nordafrika gesellen, sprechen für eine provinzielle Manufaktur (vermutlich in *Africa Proconsularis* oder Tripolitanien)[269], deren Standortbestimmung bislang nicht möglich war. Die Zeit der Herstellung beider Lampen beschränkt sich aus formenkundlichen Erwägungen auf das 2. Jh. n. Chr.[270] Eine ansehnliche Kollektion antiker Firmalampen wird im Museum von Germa verwahrt. Wie die übrigen Grabfunde aus Garama harren sie noch der wissenschaftlichen Bearbeitung und Veröffentlichung.

Gläser

Eine erlesene Gruppe im Beigabenbestand bildeten Gläser, aus deren, verglichen mit den Tongefäßen, wesentlich geringeren Anzahl der italienische Ausgrabungsbericht zwei ausgewählte Einzelstücke vorstellte[271]: Eine zylindrische Flasche mit eingeschliffenen Mustern[272] und einen in gleicher Technik verzierten hohen Kelch, dessen Einmaligkeit in der nicht vollständig überlieferten, jedoch sicher ergänzbaren Inschrift KA unterhalb des Becherrandes liegt (vgl. Abb. 100).[273] Der Kelch meinte es gut mit dem, der aus ihm trinken sollte. Ob den Wunsch nach einem angenehmen Trunk der einstige Besitzer, ein Garamante, auch verstanden und befolgt hat?

Die an Gläsern reichsten Gräber liegen im «Royal cemetery», wie schon G. Caputo[274] bemerkt und M. S. Ayoub[275] später bestätigt hat, vor. Als nicht weniger ergiebig erwiesen sich zwei der von Charles M. Daniels[276] erforschten Gräber in Saniat ben Howedi, in denen die Fragmente einer bemalten Schüssel und eines Bechers mit vergoldetem Rand enthalten waren. Als Unikat von Seltenheitswert wurde der nur durch ganz geringe Reste nachweisbare Konchylienbecher (Abb. 101; vgl. auch Abb. 102) mit plastisch aufgesetzten Fischmotiven angesprochen, der zwar nicht der Gruppe der Grabfunde angehört, diesen jedoch des Sachzusammenhangs wegen hier angeschlossen werden muß.[277] Als weitere Beispiele spätantiker Glaserzeugung aus dem 4. bis 5. Jh. n. Chr. seien ein halbkugelförmiger und ein konischer Becher mit Nuppenverzierung genannt, die das zeitliche Spektrum der in Garama sichergestellten Gläser nach oben hin fortsetzen.[278]

Zu entscheiden, woher die von den Garamanten hochgeschätzten Gläser eingeführt wurden, fällt etwas schwerer als sie zeitlich einzuordnen. Daß Ägypten als klassisches Herstellerland von Glaswaren als Hauptlieferant in Frage kommt[279], wäre aufgrund der geographischen Verhältnisse naheliegend, wenngleich die Möglichkeit, auch weit(er) entfernte Glashersteller – etwa rhein- oder donauländische –, deren Aktivität ab dem 3. Jh. n. Chr. intensiviert wurde, in das weitmaschige Bezugsnetz einzubinden, nicht völlig ausgeschlossen werden sollte.

Außer Gefäßen erfreute sich Schmuck aus Glasfritte bei den Garamantenfrauen großer Beliebtheit. Die am Djebel Zinchecra gefundenen Glasaugenperlen (Abb. 48) bezeugen die Wertschätzung dem Material gegenüber, das gelegentlich auch den Toten mitgegeben wurde. Eine Prunkkette bestand aus über 300 durchbohrten Gliedern aus weißem und blauem Glas und einem Phallusamulett[280], das dessen Trägerin vor Unheil und Übel, wie man gemeinhin glaubte, schützen sollte.[281]

Sogenannte Fayence

«Fayence» vereint Bestandteile, die auch in den beiden eben besprochenen Materialgruppen vorkommen: mit Quarzen

104

***Abb. 104** Libyer (Garamanten?) nach einer Darstellung im Grab des Pharaos Sethos I. (reg. 1304–1290). Zum Haar und Haarschmuck vgl. auch Abb. 106. Nach O. Bates, The Eastern Libyans bzw. Sahara, 339 Abb. 5).*

***Abb. 105** Darstellungen zweier menschlicher Figuren, deren Haar und Federschmuck mit dem in den Abb. 104 und 106 sichtbaren annähernd übereinstimmt. Umzeichnung nach einem Felsbild aus Iheren, Tassili (Algerien), Rinderzeit.*

***Abb. 106** Garamanten nach ägyptischen Reliefdarstellungen: Links ein Krieger, rechts ein Anführer mit seinen Kriegern, von denen einer ein Schwert, der andere einen Bogen trägt. Zum Haar und Haarschmuck vgl. Abb. 104. Nach O. Bates, The Eastern Libyans bzw. C. M. Daniels, The Garamantes of Southern Libya, 29 Fig. 5).*

stark angereicherten, alkalihaltigen Sand und – an der Oberfläche – eine Glasur, die dem Gefäß Glanz verleiht. Sechs der im Wadi und dessen Umgebung aufgelesenen Vasen aus Fayence gehörten zum Inventar von Gräbern des 1. bis 2. Jhs. n. Chr. in Saniat ben Howedi (vgl. Abb. 103). Die Produktionsstätten dieser Ware, deren Formenspektrum Schüsseln, eine rechteckige Servierplatte, Näpfe, Teller und ein bauchiges Gefäß (Olla) – alle bloß fragmentarisch erhalten – einschließt, lagen in Ägypten.[282]

Bronzeattasche

Zu den Grabfunden dürfte auch ein ca. 20 cm hoher Bronzegegenstand zu zählen sein, der im Museum von Germa als Darstellung einer garamantischen Gottheit bezeichnet wurde (Abb. 115), mit langem stoppellockigem Bart und Kopfbedeckung. Es handelt sich dabei um die vergröberte Abbildung einer Silensmaske, die einen Efeukranz mit Blättern und rosettenartig angeordneten Beerenbüscheln am Kopf trägt. Als Henkelattasche zierte sie einen einst größeren Eimer, vielleicht ein Misch- bzw. Wassergefäß. Vergleichbare Attaschen liegen beispielsweise in London oder Wien vor und datieren in das 1. Jh. n. Chr.[283]

Götterglaube

Eine detaillierte Beantwortung von Fragen nach den religiösen Vorstellungen der Garamanten darf von der Archäologie nicht erwartet werden. Nur in ausreichendem Maße vorhandene Schriften, deren Inhalt dieses Thema reflektierte, könnten als Orientierungsgrundlage dafür herangezogen werden. Da es an notwendigen einschlägigen Informationen fehlt, nähern wir uns versuchsweise dem Glauben der Garamanten nur über den Umweg indirekter schriftlicher Nachrichten aus späterer Zeit. So schreibt der Dichter Corippus (6. Jh. n. Chr.) – als Afrikaner kannte er, wie wir annehmen dürfen, die Verhältnisse –, die Mauren hätten im Kampf ihren Schutzgott Gurzil angerufen[284], dessen Name in jenem von Gurza nachklingt.[285] Nach Mitteilung des arabischen Historikers El Bekri aus dem 11. Jh. verehrten viele Stämme in Tripolitanien (u. a. die Hawwara) den Gott Gurza auf Bergeshöhen.[286] Namensgleichheit klingt auch in Ghirza, einer Siedlung im Wadi Zem Zem, an.[287] Der Ort, wo nach El Bekri Gurza verehrt wurde, läßt auf eine Himmelsgottheit schließen, die verwandte Züge mit Baal Hammon gehabt und über punische Vermittlung Eingang in den Götterglauben der Garamanten gefunden hat.[288]

Auf ebenfalls unsicherem Boden beruht die Behauptung von M. S. Ayoub, der die Garamanten als treue Anhänger ihrer Göttin Tanit charakterisiert hat.[289] Als ein diese Meinung in bestimmtem Grad stützendes Indiz wäre allerdings eine neopunische Inschrift zu zitieren, die die Verehrung der Tanit im neuen Gewande der Dea Caelestis bis in das der Wüste vorgelagerte Tarhuna-Becken bezeugt.[290] Schließlich wurde sogar in Ghirza, das – zwar von Phazania entfernt – einen der südlichsten Punkte römischen Kultureinflusses auf der Landkarte markiert, ein bildliches Detail erkannt, das einen Zusammenhang mit der punischen Religion und der Göttin Tanit aufdeckte.[291]

Vorausgesetzt, daß der Hinweis auf die Eigenart der Mauren, im Kampf Gurzil anzurufen, auch auf die Garamanten übertragbar ist und der zitierte Inschriftstein als indirektes Beweismittel nicht ganz außer acht gelassen zu werden braucht[292], hätten Gurzil und Tanit die vermutlich bedeutendste Stellung im Pantheon der Garamanten besessen. Nach Corippus stellten sich die Leuathae, in Tripolitanien siedelnde Einheimische[293], Gurzil in Gestalt eines Stieres vor und nahmen dessen Bild mit in die Schlacht. Gurzil hielten sie für den Sohn des ägyptischen Gottes Ammon und einer Kuh.[294] Dieser nach Ägypten führende und auch dem griechischen Mythos nicht fremde Zug einer Verbindung zwischen Gott und Tier bildet eine andere Ebene im religiösen Vorstellungsbereich der Garamanten als die vorher vermutete phönikisch-punische Beeinflussung. Die bildende Kunst steuert zwar nichts bei, was das Gesagte untermauern würde, illustriert aber sehr trefflich die Wertschätzung der frühen Bewohner des Fezzans dem Rind bzw. dem Stier gegenüber.

105

106

Das anthropologische Bild

Die Forschungen der italienischen Expedition im Fezzan umfaßten auch Untersuchungen an den in Gräbern aufgefundenen Skeletten, deren Erhaltungszustand in einigen Fällen als ausgezeichnet beschrieben wurde (vgl. Abb. 66). Die Methode, deren sich der Anthropologe Sergio Sergi bediente, führte über vergleichende Beobachtungen an heutigen Bewohnern des Fezzans zur Bestimmung des Menschentypus der vergangenen Epochen; anhand einer Auswahl anthropologischer Fakten definierte Sergi vier ethnische Gruppen, in die er die antiken Garamanten einordnete. Die beiden ersten Gruppen tragen danach euro-afrika-

107

nische Züge, die dritte war bereits negroid durchsetzt, während die vierte Gruppe negroide bis stark negroide Merkmale aufwies.

In einem weiteren Schritt versuchte Sergi die Frage zu beantworten, ob die eine oder andere von ihm klassifizierte Gruppe einem bestimmten geographischen und chronologischen Rahmen eingeschrieben werden könnte. Nach dem damaligen Kenntnisstand war die erste anthropologische Gruppe in Gräbern vorrömischer Zeit in Techertiba (östlich von Garama) vertreten, hatte gewissermaßen noch die euro-afrikanischen Merkmale der neolithisch/mittelmeerischen Bevölkerungsgruppe bewahrt. Die als römerzeitlich datierten Garamantengräber enthielten Skelette (vgl. Abb. 66), die sowohl der zweiten als auch dritten anthropologischen Gruppe angehörten. Sofern die Fundbelege im «Königsfriedhof» von Germa für eine Aussage ausreichten, dürften dort Garamanten der ersten Gruppe bestattet worden sein. Im Gräberfeld von El Charaig (Abb. 72, 73), östlich von Germa, wurden schließlich Garamanten der euro-afrikanischen und negroid durchsetzten Gruppe nachgewiesen.[295]

Es versteht sich von selbst, daß die von Sergi anhand eines relativ geringen Basismaterials erzielten Ergebnisse als überholt gelten und die Fragestellung als solche aufgrund genauer Grabbefunde neu formuliert werden müßte.[296] Erfolge versprechen die im Gräberfeld von Saniat ben Howedi und in anderen Gräbern 1973 aufgenommenen Befunde, die eine genügend repräsentative Zahl datierter Garamantenskelette enthielten und die sich nach Meinung von Charles M. Daniels als geeignete Grundlage für weiterführende anthropologische Studien empfehlen.[297]

Was die bildliche Kunst zur Rekonstruktion des äußeren Habitus der Garamanten beigesteuert hat, läßt sich kurz zusammenfassen: Ägyptische Reliefs, die von Oric Bates in seinem Monumentalwerk «*The Eastern Libyans*» angeführt worden sind, geben männliche und weibliche Figuren in eigenartiger Kleidung und besonderer Haartracht wieder (Abb. 104, 106), die – zurückprojiziert auf die bildlichen Zeugnisse im Tassili – auf Felsmalereien des 2. und 1. Jts. v. Chr. bereits vorgezeichnet erscheinen (Abb. 105, 107).[298] Die in einigen Details der Haartracht übereinstimmenden Züge, die die ägyptische Bildquelle und die Malereien im Tassili deutlich werden lassen[299], führen in das kulturelle Umfeld jener Bevölkerung der libyschen Sahara, die die Kunst des Wagenlenkens beherrschte. Die als Krieger charakterisierten Figuren sind bis auf einen Lendengurt, Penistasche und kreuzweise über die Schulter gelegte Gürtel nackt dargestellt, während andere wiederum einen mantelartigen Umhang tragen. Den Anführer einer Gruppe von Garamanten hebt ein langer, mit Borten verbrämter und mit Mustern verzierter Mantel besonders hervor, das hinter ihm abgebildete Gefolge scheint – wie Reihenfolge und Kleidung nahelegen – der ranglichen Abstufung entsprechend ins Bild gebracht worden zu sein. Im kunstvoll geflochtenen Haar, das seitlich einem Zopf gleich bis zum Hals hinunterhing, staken eine oder zwei Federn. Als besonderes den Körper schmückendes Kennzeichen wurde noch Tätowierung genannt[300], die bei Naturvölkern einen speziellen Stellenwert auch heute noch besitzt.[301]

Die geläufigste und seit ihrer Auffindung in den zwanziger Jahren wiederholt zitierte Bildillustration, die mit dem Aussehen der Garamanten verbunden zu werden pflegt, stammt aus einer am Meer gelegenen Villa in Zliten östlich von Leptis Magna[302]: Es ist dies ein Mosaik, das den Fußboden eines Saales bedeckte. Auf Bildstreifen werden die Grausamkeiten von Gladiatorenkämpfen und Tierhetzen vor dem betrachtenden Auge ausgebreitet. Die brutalste und widerlichste Szene schildert, wie je ein auf einem Kampfwagen stehender und an eine Stange gefesselter Gefangener von einer Bestie

***Abb. 107** Zwei mit Speeren bewaffnete Männer. Umzeichnung nach einer Felsmalerei in Iheren, Tassili (Algerien): Rinderzeit.*

***Abb. 108** «Porträt eines Garamanten». Unterhalb der Ostspitze des Djebelplateaus von Zinchecra aus dem Felsen gearbeitete Profildarstellung eines Mannes. Breite max. 15,8 cm, Höhe des Kopfes 17,5 cm, Gesamthöhe 28 cm.*

angefallen wird (Abb. 78). Eines der Tiere hat sich in den Oberkörper des Opfers bereits verbissen und beginnt, dieses zu zerfleischen. Die andere Bestie springt den zweiten Gefesselten eben an. Das fremdartige Aussehen dieses zum Tode Verurteilten führte bisweilen zu der Ansicht, hier sei die Hinrichtung eines Garamanten Thema der Mosaikdarstellung gewesen. Der Mosaizist hat diesem der Bestie ausgesetzten Delinquenten ein wildes, ja furchterregendes Aussehen verliehen, das wohl der Häßlichkeit des Verbrechens, dessen sich der Barbar offenbar schuldig gemacht hat, und der Größe des angeblichen Vergehens drastisch angeglichen worden ist. So blickt der Verurteilte mit tiefliegenden finsteren Augen dem Tier entgegen. Das im Profil gezeichnete Gesicht ist durch eine häßlich gekrümmte Nase entstellt. Das wuschelige Haar liegt ungeordnet am Kopf, Backen und Kinn umrahmt ein Voll- bzw. Spitzbart. Ob hier tatsächlich ein Garamant gemeint sei, wie bisweilen behauptet wurde, dürfte, vom Inhalt des Mosaiks betrachtet, bezweifelt werden. Es ging darum, ein *munus gladiatorium* in allen seinen Programmpunkten, deren grausamster die Hinrichtung eines *«ad bestias»* Verurteilten umfaßte, bildlich zu gestalten, ohne daß an die Bestrafung eines ganz bestimmten Verbrechers gedacht werden müßte. Daß sich in den Bildstreifen des Mosaiks das grausame Geschehen bis hin zur Hinrichtungsszene drastisch steigert und dabei auch die Verurteilten mit häßlichen und abstoßenden Zügen versehen wurden, die den Typ des wilden und grausamen Barbaren hervorkehren, lag in der Intention des Mosaizisten. Diesem mag durchaus das Bild eines einheimischen Libyers vor Augen geschwebt haben, als er die Mosaikszene schuf. Als authentischen Bildkommentar zu Aussehen und Charakterisierung der Garamanten wird man das Mosaik von Zliten, das D. Parrish aufgrund stilistischer Vergleiche in das frühe 3. Jh. n. Chr. datiert hat[303], nur mit Vorbehalt

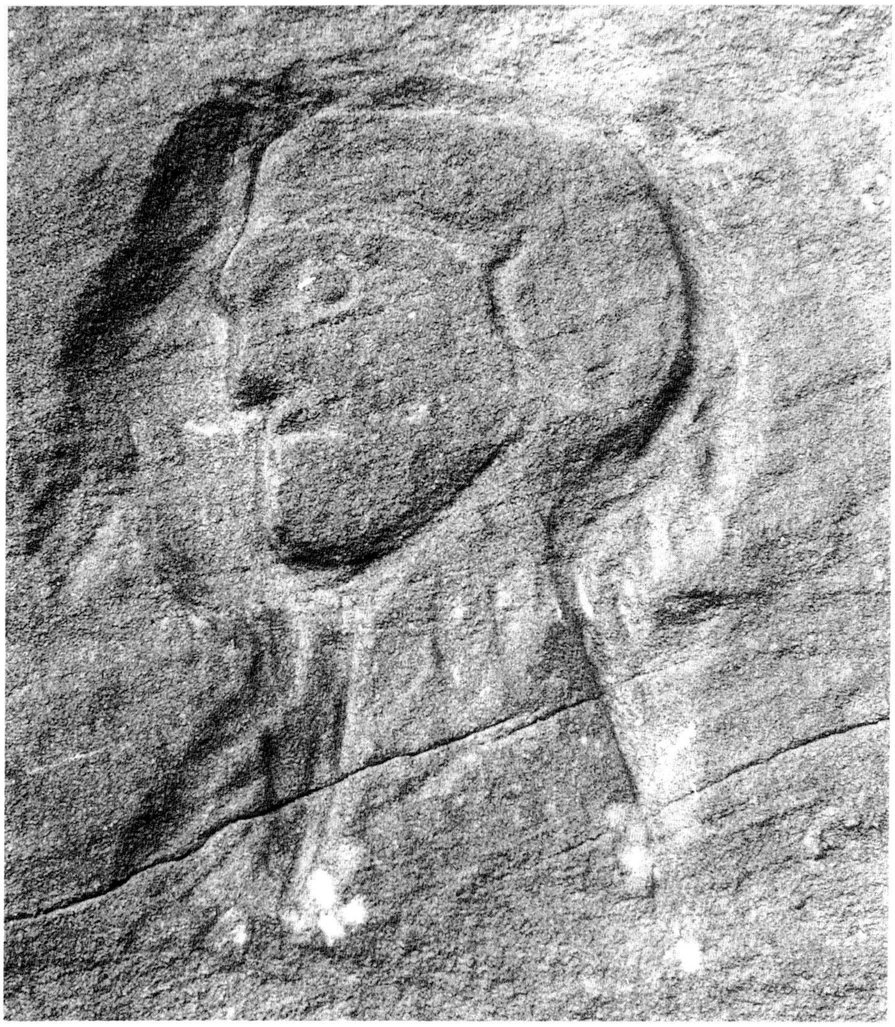

108

und unter Berücksichtigung des allgemein gehaltenen Charakters der Darstellung und deren Inhalte heranziehen dürfen.

Ein kurioses bildliches Zeugnis bewahrt die Felswand des Djebels von Zinchecra auf (Abb. 108). Es ist die reliefartig aus dem Stein gehauene Darstellung eines Männerkopfes, dessen glotzende Augen, die vorspringende Stirn und das lange, markante Kinn besonders auffallen.[304] Die Frage ist nur, ob dieses eigenartig wirkende «Porträt» eines Garamanten, das einzige im Ursprungsland, einem antiken Zeitgenossen verdankt wird oder von späterer Hand aus dem Felsen herausgearbeitet worden ist. Die rohen und wilden Züge des *en face* dargestellten Kopfes stimmen in ihrer Charakteristik mit den Mosaikbildern in Zliten im wesentlichen überein, so daß sich daraus ein antikes Entstehungsdatum für das Relief von Zinchecra ergäbe. Daß für eine sichere Bestimmung noch andere Faktoren maßgeblich wären, die die Datierung stützten, wird jedem bewußt sein, der das seltsame Bildnis aus Stein einer Betrachtung unterzogen hat.

Inschriften und Schriftzeichen

Von den zahllosen keramischen Funden aus den garamantischen Ausgrabungsstätten tragen manche nicht gedeutete Zeichen, andere wiederum solche, die sich an das «Alphabet des Fezzan» anschließen lassen dürften.[305] Nur drei überliefern eine einwandfrei lesbare Folge von lateinischen Buchstaben, die auf (italischer) Importware eingeritzt worden waren. Auf der Wandung einer Sigillataplatte liest man CVPA[306], eine Bezeichnung für ein faß- oder bottichartiges Gefäß, in dem Flüssigkeiten, besonders Wein, aufbewahrt wurden.[307] Mag sich die Platte zwar nicht recht dieser formenkundlichen Fixierung anpassen – eine prägnante Bezeichnung in der Benennung der jeweiligen Gefäße darf von niemandem erwartet werden, der die lateinische Sprache nicht perfekt beherrschte. Schließlich konnte auch eine flache Platte, die allgemein zum Bestand eines Speiseservices zählte, eine Flüssigkeit beinhaltet haben. Die vorgeschlagene Deutung wäre zumindest naheliegender als die Annahme einer Besitzerinschrift, die den kaum belegten Namen Cupa(rius?) wiedergegeben hätte.[308] Schließlich ist mit der Möglichkeit zu rechnen, daß die Inschrift schon eingeritzt worden war, ehe die Sigillataplatte in das Garamantenland im späten 1. Jh. n. Chr. gebracht worden war. Die Kontakte zwischen dem Küstengebiet und dem Fezzan besonders auf dem Sektor des Handels setzen geradezu die behelfsmäßige Kenntnis des Lateinischen als der damaligen Weltsprache voraus, die einigen Garamantenhändlern nicht völlig unbekannt gewesen sein wird. Daß in einem kulturellen Umfeld wie dem garamantischen das Lateinische allerdings so gut wie keinen Einfluß auf das sprachliche Gefüge der Einheimischen gehabt hat, braucht nicht zu verwundern. Insofern werden an beschriftete Funde aus Phazania keine Erwartungen hinsichtlich lateinischer Namen oder Wörter zu knüpfen sein, wie R. Rebuffat bemerkt hat.[309]

Zwei weitere Sigillatagefäße ebenso italischer Provenienz weisen noch die Buchstaben NIM und NIMIRA auf, die nach C. M. Daniels Meinung als Besitzernamen aufzufassen sind.[310] Die Namen selbst führen uns in das einheimisch/libysche Milieu, das durch identische Nennungen im Wadi Sofeggin[311] und in Ghirza auch in sprachlicher Hinsicht – und nicht allein durch eine Reihe architektonischer Denkmäler – greifbar geworden ist.[312] Aus der zahlreichen Schar der anonym gebliebenen Garaman-

109

110

***Abb. 109** Ritzungen und AOYRELIOYS-Inschrift auf dem Südrand des Plateaus von Zinchecra. Aufnahme in Richtung Südosten.*

***Abb. 110** Ritzzeichen in Fußsohlenform und Tifinaghinschriften auf dem östlichen Plateaurand des Djebel Zinchecra.*

***Abb. 111** Blick auf die türkische Festung von Ghat, die sich über den Lehmbauten der Altstadt erhebt.*

***Abb. 112** Aufnahme von der türkischen Festung über die Lehmbauten der Altstadt und die Moschee auf die Oase von Ghat.*

111

112

113

114

ten begegneten uns nun zwei, die Nimir hießen und ihre Gefäße, für sie gewiß ein kostbarer Besitz, namentlich kennzeichneten.

Eine andere von C. M. Daniels abgebildete Inschrift scheint neo-punische Züge zu tragen.[313] Ähnlich der römischen Kultur war die punische in das tripolitanische Hinterland eingedrungen, wie einige inschriftliche Zeugnisse verdeutlichen[314], und einer Bemerkung des jüngeren Arnobius (5. Jh. n. Chr.) zufolge soll der Anwendungsbereich der punischen Sprache sogar bis zum Garamantenland gereicht haben.[315]

Die ungewöhnlichste Inschrift aber wurde am südlichen Rand des Djebelplateaus von Zinchecra entdeckt, eingemeißelt in den Felsen des Promontoriums auf eine Länge von 41 cm. Sie überliefert den Namen Aurelius in griechischen Buchstaben: ΑΟΥΡΕΛΙΟΥϹ[316] (Abb. 109). Dieses Schriftzeugnis bescherte in gleichem Maße Überraschung wie Ratlosigkeit. Wer hat seinen Namen auf griechisch im Stein verewigt? Ein griechisch sprechender, aus dem Osten des Imperiums stammender antiker «Tourist», der dem Garamantenland einen Besuch abstattete, ein Kaufmann, der sich nach einem neuen Absatzgebiet umsah, oder ein Garamante, der im Dienste des römischen Heeres irgendwo im griechischsprechenden Bereich seinen Dienst versehen hatte, nach seiner Entlassung aus der Armee wieder in seine Heimat zurückgekehrt ist und dort – stolz auf die Sprachkenntnisse, die er sich im Laufe seines militärischen Engagements angeeignet hatte – seinen neuen Namen in den Felsen eingetieft hat? Immerhin ergab sich im Laufe der römischen Militärgeschichte wiederholt die Möglichkeit, daß Soldaten etwa aus den Reihen der Gaetuler und sicherlich auch aus denen der Garamanten in Einsatzgebiete des

***Abb. 113** Der Felsen von Tifinagh südlich von Ghat (vgl. Abb. 1), benannt nach den zahlreichen Inschriften, die darin eingetieft sind. Den als Rastplatz von Forschungsreisenden des 19. Jahrhunderts aufgesuchten Ort erwähnte bereits Gottlob A. Krause.*

***Abb. 114** Einer der wenigen alten Brunnen im Wadi el-Adschal, wie sie bis vor einigen Jahrzehnten noch verwendet wurden.*

***Abb. 115** Bronzeattasche in Form einer Silensmaske, die an einem großen Gefäß angebracht war. Museum Germa. Höhe ca. 20 cm.*

Orients (etwa nach Arabien) abkommandiert wurden. Anhand dieses Denkmodells soll nur erinnert werden, daß das Vorhandensein einer griechischen Inschrift in Garama militärhistorisch betrachtet eine Erklärung fände.[317] Ob die Annahme dieses Namens mit einer möglichen Bürgerrechtsverleihung des Trägers nach dessen Ausscheiden aus dem Militärdienst in Zusammenhang gebracht werden darf, läßt sich nicht mehr beantworten. Aufgrund der namenskundlichen Evidenz wäre eine Datierung der Aurelius-Inschrift in das 3. Jh. n. Chr. zu bevorzugen[318], wenn auch nichts gegen eine Anbringung noch in spätantiker Zeit, wie P. M. Fraser gemeint hat[319], spräche. Falls der zuletzt genannte Interpretationsversuch dem wirklichen Sachverhalt am nächsten käme, würde vielleicht die kurze und bündige Art des Exsoldaten Aurelius befremden, der seinem Namen keinerlei weitere Daten hinsichtlich seiner Person, etwa die Nennung seiner militärischen Charge, wie das damals üblich war, beigefügt hat. Der hinter dem Namen erkennbare und als C, einer für Zenturio in römischen Inschriften geläufigen Abkürzung, interpretierbare Buchstabe gehört nicht zum Namen, sondern stellt ein in anderem Zusammenhang in den Fels graviertes Zeichen dar.

Nicht allein Keramikgefäße wurden mit Zeichen versehen, sondern auch Grabstelen (Abb. 117–118) und Libationsplatten[320], deren Ritzungen nach wie vor Rätsel aufgeben. Als eine eigene Gruppe wurden außerdem noch mehrere Tifinagh-Inschriften erwähnt, die auch im Fezzan durch besonders anschauliche Zeugnisse präsent sind. Etwa in der Umgebung von Ghat, wo ein größerer Felsblock unmittelbar neben der Straße von Inschriften förmlich übersät ist[321] (Abb. 113). Dies nur ein Beispiel von vielen. Gebildete Einheimische und Fachleute vertreten die Meinung, daß Tifinagh die bereits von den alten Garamanten verwendete Schrift gewesen sei und die in garamantischen Fundstätten zum Vorschein gekommenen Zeichen demnach als direkte Zeugnisse der schriftlichen Überlieferung dieses Volkes zu gelten hätten (vgl. Abb. 9). Nicht verschwiegen sei die Tatsache, daß einige Tuareg im Fezzan Tifinagh-Inschriften noch lesen und deuten können. Nicht ohne Grund hat daher der französische Saharaforscher H. Lhote die Turareg als direkte Nachfahren der Garamanten bezeichnet.[322] Zu den wenigen des Tifinaghs Kundigen zählt der im Vorwort erwähnte Mohammed Carnafouda aus Germa, dem ich interessehalber eine der von Daniels publizierten Inschriften[323] – sie wurde willkürlich ausgewählt – vorlegte (Abb. 117). Nach relativ kurzer Zeit des Lesens der Schriftzeichen übersetzte M. Carnafouda die Inschrift, die den Namen einer gewissen Da-Satan und deren Vater überliefert. Die kurze, stichwortartige Angabe weist eine frappante Ähnlichkeit hinsichtlich der lapidaren Ausdrucksweise auf, die griechischen und lateinischen Inschriften funerären Charakters oft eigen ist. Im folgenden sollen diese Tifinagh-Inschrift aus Garama und deren Übersetzung durch Herrn Carnafouda vorgestellt werden: *«Ich bin Da-Satan, die Tochter von Denesan»*.

115

Ein Einstieg in die sprachliche Welt dieser Inschriften wird dadurch erschwert, daß nur sporadische Anhaltspunkte einen Weg des Verstehens eröffnen. Bilinguen in neo-punischer und «libyscher» Sprache bleiben Einzelfunde von höchstem Seltenheitswert, und der daraus fließende Informationsgehalt nimmt sich eher bescheiden aus, da Grabinschriften – um solche handelt es sich nämlich – in der Regel formelhaften Charakter haben. Eine in Tunesien entdeckte Bilingue gibt jedenfalls einige Zeichen wieder, die denen der Tifinagh-Inschriften aus dem Garamantenland entsprechen dürften (vgl. Abb. 117–118, 120).[324] Das eine oder andere Schriftzeichen in Tifinagh findet ferner in den Graffiti von Bu Ngem eine analoge Entsprechung.[325] Mit diesen wenigen Hinweisen sei der interessante Fragenkomplex Fachleuten der Sprachforschung zur Wertung und Beurteilung überlassen.

Wirtschaft und Handel

Die archäologischen Befunde am Djebel von Zinchecra haben den Stellenwert, den die Haltung von Tieren bei den Garamanten einnahm, deutlich hervorgekehrt. Mensch und Tier teilten sich ihre Behausung: nur so werden die mit tierischem Mist vermengten Straten innerhalb einfacher Unterkünfte verständlich, und die zum Vorschein gekommenen Knochen von Schafen, Ziegen, Schweinen und Rindern bestätigen dies.[326] Was noch aussteht, ist eine größere Serie von Pferdeknochen[327], die auf Rasse und Größe dieser Tiere – ihre Weidegebiete lagen in den Wadis von Phazania – untersucht werden könnten. Auch Dromedare, deren Vorkommen Felsmalereien (vgl. Abb. 9) ab der Zeit um Christi Geburt bezeugen, dürften den Garamanten nicht fremd gewesen sein, nachdem sie sich als ausdauernder und weniger empfindlich als Pferde erwiesen hatten.[328] Der Hund begleitete die Menschen der Sahara bereits seit Tausenden von Jahren.[329] Wenn einer Bemerkung des älteren Plinius Glauben geschenkt werden darf, dann züchteten die Garamanten nicht nur Pferde, die ihnen ein schnelles Agieren garantierten, sondern bildeten sogar Kampfhunde aus.[330] Solche hätten – wir erinnern nochmals an die Pliniusstelle – den Garamantenkönig einst aus dessen Exil in die Heimat geleitet.

Hand in Hand mit der Tätigkeit des Viehzüchters ging die des Landwirts vor sich, der seine Felder bestellen mußte, um sich und sein Tier zu ernähren (vgl. Abb. 4). Eine Vielzahl von im Gelände noch nachweisbaren Dämmen und Brunnenanlagen, sogenannten Foggaras, könnte damals errichtet bzw. in die Erde eingetieft worden sein.[331] Ein exakter zeitlicher Nachweis für die Entstehung derartiger Schachtbrunnen, die nach der gleichen Methode auch im Mittelalter und in der Neuzeit geschlagen wurden, um das kostbare Grund- und Schichtwasser zutage zu fördern[332], läßt sich jedoch nicht beibringen (vgl. Abb. 114).

Um das auch in der römischen Literatur geläufige Bild des den Boden bearbeitenden und Vieh züchtenden Garamanten abzurunden[333], sei noch an eine mögliche Tätigkeit gedacht: die des Wildtierjägers, der Jagd auf Löwen und andere Wildtiere machte, die in den römischen Amphitheatern und Arenen für die Befriedigung der niedrigen Instinkte eines nach Sensationen gierenden Publikums sorgten (vgl. Abb. 78). An Anbauprodukten gab der sandige Wüstenboden außer Weizen (vgl. Abb. 21, 64), Gerste und anderen Feldfrüchten auch Gemüse, Oliven, Granatäpfel, Datteln, Feigen, Baumwolle und Klee.[334] Die wissenschaftlichen Untersuchungen an Pflanzen- und Getreideresten, die auf dem Djebel Zinchecra geborgen werden konnten, haben bestätigt, daß die Garamanten es schon in der ersten Hälfte des 1. Jts. v. Chr. verstanden, ihren Speiseplan durch Gemüse und Obst zu bereichern. Der Genuß von Schaf- und Ziegenfleisch dürfte allerdings nicht alltäglich, sondern wohl nur zu bestimmten

116

117

118

Anlässen möglich gewesen sein. Milch und Milchprodukte ergänzten das Nahrungsangebot der garamantischen Bevölkerung im Fezzan.[335]

Dem gegenüber steht ein anderer gleichwertiger Aspekt im wirtschaftlichen Bereich der Garamanten: der Handel. Die seit dem 1. Jh. n. Chr. wirksam gewordenen guten Beziehungen zum Imperium Romanum einerseits und das Interesse Roms andererseits, anstelle der anfänglichen militärischen Intervention durch Cornelius Balbus einem diplomatischen Vorgehen den Vorzug einzuräumen, um sich der Garamanten als «Bundesgenossen» zu versichern, förderten den Ausbau des Süd-Nord-Handels, der sich über Vermittlung von Phazania zwischen dem innerafrikanischen Kontinent und dem Küstenland im Norden gedeihlich abwickelte. Exotische Güter wie Elfenbein, Straußenfedern oder -eier und andere Waren wurden zwar im Römischen Reich teuer bezahlt, dürften aber für die Garamanten nicht den Gewinn aufgewogen haben, den Bodenschätze im Inneren Afrikas abzuwerfen versprachen. Denn daß das Vorkommen von solchen den Garamanten geläufig war und wohl auch Rom nicht verborgen blieb, das anfangs eine Konfrontation mit den Garamanten nicht scheute, wurde aufgrund der Pliniusnotiz eingangs vermutet.[336] Außer an Edelmetalle – Plinius sprach von *carbunculi* – dachte man an Erze (Hämatit), deren Verhüttung in Saniat Gebril anhand einiger Spuren erschließbar ist[337] und anhand weiterer Indizien auf den einstigen Umfang hin zu überprüfen wäre.

Ziel des Handels der Garamanten waren die tripolitanischen Küstenstädte, von wo aus die Waren aus dem Süden, Tiere und schwarze Sklaven weiterverkauft wurden. Ein einmaliges authentisches Zeugnis aus dem 3. Jh. n. Chr., das auf die Handelstätigkeit der Garamanten anspielen dürfte, stammt aus Bu Ngem, dem antiken Gholaia[338], in dessen römischem Kastell R. Rebuffat die Entdekkung einer Reihe beschrifteter Tonscherben (Ostraka) glückte.[339] Eines darunter nennt ausdrücklich Garamanten, die mit ihren (wohl mit Waren bepackten) Dromedaren und Eseln den Bereich der Frontzone des Imperium Romanum passierten.[340] Die direkte Verbindung führte von Oea/Tripoli (Abb. 1) über Garyan nach Mizda (vgl. Abb. 90) und Gheriat (Abb. 121), von dort weiter nach Süden über Phazzania/Fezzan in Richtung Tschadsee und Innerafrika.[341] Der Verlauf dieser einer alten Karawanenroute folgenden Verbindung – die moderne Asphaltstraße weicht von ihr nicht wesentlich ab – ist durch römische Meilensteine bis in die Nähe von Mizda, «befestigte Farmhäuser» (Gsur) und einzelne Grabmäler, die von Forschungsreisenden wie Gerhard Rohlfs oder Heinrich Barth (vgl. Abb. 116) im vorigen Jahrhundert erwähnt worden waren[342], gesichert. Die Überwachung erfolgte von einzelnen Militärposten aus, von denen eine Reihe noch in beachtenswertem und beeindrukkendem Zustand erhalten blieb (Abb. 81, 119, 121).

Die Fezzanroute wurde in ihrem Verlauf von zwei Straßen gekreuzt, die die Verbindung von Westen nach Osten herstellten, der sogenannten Frontstraße und der oberen Soffegin-Straße. Während die Frontstraße bei Garyan auf die Nord-Süd-Karawanenroute stieß, um entlang des Djebelkammes nach Leptis Magna zu verlaufen, führte die Soffegin-Straße weiter im Süden nahe Mizda vorbei.

***Abb. 116** Das heute noch bewohnte Haus des deutschen Afrikaforschers Heinrich Barth (1821–1865) in Murzuk südlich der türkischen Festung.*

***Abb. 117** Tifinagh-Inschrift auf einem (unbearbeitet belassenen?) Stein, Höhe 40 cm. Museum Sebha. Nach C. M. Daniels, An ancient people of the Libyan Sahara, 264 Nr. 47.*

***Abb. 118** Grabstele mit eingetieften Schriftzeichen in Tifinagh (?). Museum Germa.*

119

120

Abb. 119 Gut erhaltener Wachtturm in der Nähe des Kastells von Gheriat al-Gharbia, den der Afrikaforscher Heinrich Barth im vorigen Jahrhundert besichtigt und beschrieben hat. Laut darin eingemauerter Inschrift (IRT 895) wurde der Wachtturm zur Zeit des Kaisers Alexander Severus (222–235) errichtet.

Abb. 120 Zisterne nahe dem Nordosteck des Kastells von Gheriat al-Gharbia. Das Innere weist stellenweise einen Mörtelverputz auf, in den eine Tifinagh-Inschrift eingetieft ist (linke Bildhälfte).

Abb. 121 Blick auf die auf einem Felsenplateau oberhalb der wichtigen Nord-Süd-Verbindung liegende Festung Gheriat es-Shergia. Das hinter den Mauerzinnen seiner osmanischen (türkischen) Ummantelung aufragende Kleinkastell dürfte etwa in severischer Zeit erbaut worden sein.

Festungsarchitektur im Land der Garamanten

Zu den architektonisch faszinierendsten Zeugnissen im Herzen des Garamantenlandes zählen aus Lehmziegel aufgebaute Festungen, deren Plastizität besonders gegen Sonnenuntergang auf den Betrachter zu wirken beginnt: El Graia (Abb. 124), Gasr Sidi Daoud (Abb. 125), El Gser oder das aus Steinen – eine Ausnahme in dieser Reihe – errichtete Gasr Laroku (ca. 35 km von Garama in östlicher Richtung entfernt) sind die bekanntesten und wohl auch eindrucksvollsten Beispiele der Festungsarchitektur. Sie ihrem zeitlichen und kulturellen Umfeld nach genauer zu definieren, als das momentan möglich ist, wird eine lohnende Aufgabe künftiger Forschungen sein: Kein Spaten hat noch den Boden in und um diese Festungen erkundet, deren Konzeption und Anlage an antike limeszeitliche Forts erinnern, worauf – besonders im Zusammenhang mit Gasr Laroku – H. Weis schon aufmerksam gemacht hat.[343] Wie ist diese Festungsarchitektur zu verstehen, die entlang des Wadis von Adschal mit so prominenten Beispielen vertreten ist, daß ihre topographische Disposition wohl auf ein gut funktionierendes, machtpolitisch wirksames System zurückgeführt werden muß? Sollte ein solches noch mit den Garamanten bzw. deren Nachkommen in spätantiker Zeit zusammenhängen, die – auf welche Weise auch immer – mit Ostrom (Byzanz) in Kontakt gestanden haben könnten? Zumindest weiter östlich des Garamantenlandes, in Ägypten, wurden in oströmischer (byzantinischer) Zeit festungsartige Anlagen («Forts») errichtet, deren Funktion in neuerer Zeit diskutiert worden ist.[344] Und daß Forts in Nubien die einheimische Bevölkerung gegen muslimische Attacken im Laufe des 7. Jhs. n. Chr. schützen sollten, haben die dortigen Forschungsarbeiten nahegelegt.[345] Aus diesem Grund wäre es durchaus einleuchtend, hätte die Kette von Befestigungen im Wadi Adschal dieselbe Funktion wie in Ägypten und Nubien im 7. Jh. n. Chr., vielleicht auch darüber hinaus, erfüllt.

Was die Bauweise an sich anlangt, verwendete man jenes Material, das vor Ort massenhaft vorhanden und leicht formbar war: Mit Steinchen durchsetzten Sand, der, gestampft und in Schablonen verdichtet, Gestalt erhielt – eine Technik, die nicht nur in Nordafrika, sondern auch in der Steppe um den Aralsee und anderswo bezeugt ist.[346] Andererseits

121

123

124

125

Abb. 122 Das türkische Fort von Murzuq.

Abb. 123 Bu Ngem. Blick vom Eingang auf das Lagerforum des severerzeitlichen Kastells.

Abb. 124 Frühislamische Festung (7./8. Jahrhundert?) aus Lehmziegeln westlich von El Graia (vgl. Abb. 12) mit vier Eck- und je einem Zwischenturm an der Nord- und Südseite. Mehrere derartige Festungen (Kastelle) und Wachtposten (Burgi) sicherten die alte Straße im Wadi Adschal. Zu den monumentalen Gräbern aus Zuila siehe Abb. 35.

Abb. 125 Gasr Sidi Daoud (Abb. 12), eine befestigte Anlage regelmäßigen, annähernd quadratischen Grundrisses aus frühislamischer Zeit. Die Architektur entspricht jener des 7./8. Jahrhunderts, deren Vorbilder in die oströmische, byzantinische Zeit weisen. Die Festung in Gasr Sidi Daoud ist die größte heute noch aufrecht stehende Ruine im Wadi Adschal (vgl. Abb. 123). Aufnahme der Süd- und Ostseite.

schiene die kulturelle Einordnung dieser Befestigungen in bereits frühmuslimische Zeit durchaus erwägenswert, da damals auf spätantike Vorlagen in der Architektur und im Festungsbau zurückgegriffen wurde. Militärische Anlagen vergleichbarer Konzeption sind im Vorderen Orient und sogar in Innerasien (Akyr Tasch) bekanntgeworden, so daß auch dieser Aspekt in die Diskussion eingebracht werden sollte.

Schlußbemerkung

Richten wir zuletzt einen Blick auf die späte Quellenlage: Noch im 6. Jh. n. Chr. spricht der Dichter Corippus (Joh. 6, 198) vom Garamantenland und erwähnt mehrmals Gurzil, den Gott der Mauren. Dem Dichter, einem Afrikaner, waren die ethnischen und kulturellen Verhältnisse im Lande bestens vertraut: Und diese könnten – zumindest im Saharabereich – von den Garamanten zur Zeit des Kaisers Justinian (527–565 n. Chr.) noch wesentlich geprägt und bestimmt gewesen sein. Ab da verlieren sich ihre Spuren in der schriftlichen Überlieferung, die in der Folgezeit – wenngleich auch nur spärlich – in arabischen Quellen ihre Fortsetzung findet, um – wie man es vielleicht für möglich halten könnte – durch die kulturelle Tradition der Tuaregs, «echten Söhnen der Wüste», ersetzt zu werden.

Ein von antiken Schriftstellern, Historikern und Dichtern erwähntes Volk jenseits des bewohnten Erdkreises, von dem außer vagen Hinweisen keine genaueren Berichte vorliegen, ein im Dämmerlicht Afrikas irgendwo dahinschlummerndes Volk, das sich im Reigen der Geschichte verlor: Dieses oder ein ähnliches Bild mag dem mit antiker Literatur Vertrauten vorschweben, der den Namen der Garamanten liest oder hört. Die Forschungen der in der algerischen und libyschen Sahara tätigen Prähistoriker haben inzwischen eine beachtliche Menge von Felsbildern zum Sprechen gebracht, die das kulturelle Umfeld der Garamanten zu beleuchten begonnen haben und zu bestätigen scheinen, was Herodot mit diesem Volk verband: die Kunst des Wagenlenkens.

Die italienische Expedition in den Fezzan ortete zunächst einmal die materielle Hinterlassenschaft und die obertags sichtbaren Denkmäler dieses Volkes, dessen Geschichtlichkeit allmählich konkrete Formen annahm. Den Italienern ist es auch zu verdanken, die Fachwelt über die Sachkultur der Garamanten informiert und dafür empfänglich gemacht zu haben. Die Libyer erkannten eine einmalige Chance, ihre in der Geschichte der Garamanten gleichsam gespiegelte Vergangenheit wachzurufen. Die mit Elan im Herzen des Fezzans begonnenen archäologischen Ausgrabungen in Alt-Germa buchten denn auch beachtenswerte Ergebnisse, die – in entsprechender Aufmachung gebracht – sich eines größeren Echos gewiß erfreut hätten, wäre darüber ausführlich berichtet worden, wie es der Ausgräber von Garama, M. S. Ayoub, vorgehabt hat.

Die von der englischen Ausgrabungsmission unter der Leitung von Charles M. Daniels, Universität Newcastle, erzielten Ergebnisse ergänzten und präzisierten das von libyscher Seite getragene Projekt der Erforschung der Kultur der Garamanten. Wenngleich diese nur in ihrem Umriß vorliegt und erkennbar geworden ist und noch künftiger intensiver Forschung harrt, sollte darin kein zwingender Grund gesehen werden, das bis jetzt Erarbeitete einem Großteil der deutschsprachigen Fachwelt vorzuenthalten. Die so entstandene, durch Bilder kommentierte Zusammenfassung möchte das Volk der Garamanten wieder in das Bewußtsein der kulturhistorisch Interessierten rücken und die Beiträge jener Gelehrten dankend aufgreifen, denen die bisherigen Kenntnisse verdankt werden.

Anhang

Literatur- und Abkürzungsverzeichnis

Abgekürzt zitierte Zeitschriften und Schriftenreihen sind nach den Richtlinien des Deutschen Archäologischen Instituts (Archäologischer Anzeiger und Archäologische Bibliographie) aufzulösen. Weitere Literaturhinweise, die im Anmerkungsapparat in Kurzform angeführt werden:

BAR Int S = *British Archaeological Reports, International Series, Oxford.*

M. S. AYOUB, *The Rise of Germa: 100–450 A. D.*, in: *Libya in History*, 194/204.

DERS., *Fezzan. A short history* (Tripoli 1968) [mir nicht zugänglich].

O. BROGAN – D. J. SMITH, *Ghirza. A Libyan settlement in the Roman period* (Tripoli 1984).

Cyrenaica in Antiquity, ed. by G. BARKER, J. LLOYD, J. REYNOLDS, *BAR Int S* 236 (Oxford 1985).

C. M. DANIELS, *The Garamantes of Fezzan*, in: *Libya in History* (1968) 261/70.

DERS., *Garamantian excavations: Zinchecra 1965–67: Libya Ant* 5 (1968) 113/94.

DERS., *The Garamantes of Fezzan: Excavations on Zinchecra 1965–7: Ant J* 50 (1970) 37/66.

DERS., *The Garamantes of Southern Libya* (Harrow 1970).

DERS., *An ancient people of the Libyan Sahara*, in: *Hamito-Semitica* (1975), hg. v. J.-Th. Bynon, 249/65.

DERS., *Excavation and Fieldwork amongst the Garamantes: Lib Stud* 20 (1989) 45/61.

J. DESANGES, *Pline l'ancien. Histoire naturelle Livre V, 1–46, 1ère partie: (L'Afrique du Nord)* (Paris 1980).

F. F. GADALLAH (Hg.) siehe unter *Libya in History*.

Garamantian excavations siehe unter C. M. DANIELS.

H. G. HORN – C. B. RÜGER siehe unter *(Die) Numider.*

IRT = J. M. REYNOLDS – J. B. WARD PERKINS (Hg.), *The Inscriptions of Roman Tripolitania* (London 1952).

C. LEPELLEY, *Les cités de l'Afrique Romaine au Bas-Empire*, 2 Bde (Paris 1979).

Libya in History, Historical Conference 16.–23. March 1968, hg. v. F. F. GADALLAH (Benghazi 1968).

Lib Stud = *Libyan Studies (Annual Reports of the) Society for Libyan Studies*, London.

D. J. MATTINGLY, Tripolitania (London 1995).

A. MERIGHI, *La Tripolitania antiqua dalle origini alla invasione degli Arabi*, 2 Bde (Verbania 1940).

Die Numider. Reiter und Könige nördlich der Sahara, hg. v. H. G. Horn – C. B. Rüger (Bonn 1979).

PL = *Patrologia Latina.*

J.-L. LE QUELLEC, *L'art rupestre du Fezzan septentrional (Libye), BAR Int S* 365 (1987).

P. ROMANELLI, *Storia delle province Romane dell'Africa* (Roma 1959).

DERS., *Topografia e archeologia dell'Africa Romana* (Torino 1970).

E. M. RUPRECHTSBERGER, *Die Garamanten – Eine Übersicht mit neuen Aspekten zu ihrer Geschichte und Kultur: NürnbBlA* 12 (1996/97) 9/24.

Sahara. 10000 Jahre zwischen Weide und Wüste (Köln 1978).

Il Sàhara Italiano 1: *Fezzán e oasi di Gat* (Roma, o. J. [1937].

Scavi Sahariani, Richerche nell'Uadi el-Agial e nell'Oasi di Gat della Missione Pace-Sergi-Caputo: Mon Ant 41 (Roma 1951).

K. H. STRIEDTER, *Felsbilder der Sahara* (München 1984).

L. TEUTSCH, *Das Städtewesen in Nordafrika in der Zeit von C. Gracchus bis zum Tode des Kaisers Augustus* (Berlin 1962).

B. E. THOMASSON, *Die Statthalter der römischen Provinzen Nordafrikas von Augustus bis Diocletianus*, 2 Bde (Lund 1960).

Anmerkungen

1 Hdt. 4, 172.

2 *Ebd.* 173. Der legendenhafte Untergang des Volkes, das vom Wüstenwind verschüttet worden war, wird von Herodot als Bericht der Libyer gekennzeichnet.

3 Hdt. 4, 179–180.

4 *Ebd.* 181.

5 *Ebd.* 183.

6 Plinius (*h. n.* 8, 179) nimmt wohl auf diese Stelle Bezug, wenn er bestätigt, daß die Rinder als einzige Tiere auch im Rückwärtsgehen weiden können.

7 *Ebd.* 189. Zu den Garamanten als Wagenlenkern s. A. AZZAROLI, *An early History of Horsemanship* (Leiden 1985) 58/63.

8 Zur Ost-West-Verbindung siehe R. REBUFFAT, *Zella et les routes d'Egypte: Libya Ant* 6/7 (1969/70) 181/7.

9 Hdt. 4, 174.

10 *Ebd.* 183, 4.

11 M. S. AYOUB, in: *Libya in History*, 220.

12 Neuestens P. J. SHEPPARD; *The Capsian of North Africa. Stylistic Variation in Stone Tool Assemblages, BAR. Int S* 353 (1987).

13 Vgl. G.-C. CHARLES PICARD, *Karthago, Leben und Kultur* (Stuttgart 1983) 224.

14 Zur reichhaltigen Lit. siehe die Angaben in: *Sahara*.

15 Von R. PITTIONI wurde der Begriff Metallikum eingeführt. *Urgeschichte des Österreichischen Raumes* (Wien 1954).

16 K. H. STRIEDTER, *Felsbilder der Sahara*, 57/60. Allgemein: H. LHOTE, *Les Chars rupestres sahariens. Dès Syrtes au Niger par les pays des Garamantes et des Atlantes* (Toulouse 1982). Rez. in: *Ant. J* 65 (1985) 152/4 (M. Milburn). J. SPRUYTE, *Figurations rupestres sahariennes de chars à chevaux: Ant Afr* 22 (1986) 29/55. J. KUNZ, *Contributions à l'étude des chars rupestres du Tassili-n-Aj-jer occidental*, in: *Les chars préhistoriques du Sahara. Actes du Colloque de Sénanque* 21–22 mars 1981 (Aix-en-Provence 1982) 81/97.

17 Abb. in: *Sahara*, 432 Abb. 17.

18 Mehrere Speichen sind auf dem genannten Bild zu erkennen, sonst auch acht, fünf und vier.

19 J. SPRUYTE (Anm. 16) bes. Fig. 7–22.

20 A. MUZZOLINI, *The Technological Evolution from biga to quadriga*, in: *2nd Deya Internat. Conf. of Prehistory, BAR Int S* 574 (1991) 308/19. DERS., *Qui sont les «Chasseurs» et les «Chasseurs-Pasteurs» du Fezzan?: Espacio* I 4 (1991) 269/82. DERS., *Au sujet de: la datation des chars au «galop volant»*, in: *Sahara* 3 (1990) 115/18. DERS., *Figurations rupestres de chars avec attelage: Ebd.* 1 (1988) 98/101. DERS., Art. *Bœuf*, in: *Enc berbère* 10 (1991) 1547/54. DERS., *Le char des stèles ...*, in: *Actas Congr Internac Gibraltar* (1988) 361/87.

21 Speziell darüber, A. MUZZOLINI, Art. *Bœuf (Préhistoire)*, in: *Enc berbère* 10 (1991) 1547/54.

22 Hdt. 4, 183, 26 f.

23 Abb. in: *Sahara*, 447 oben rechts.

24 Abb. in: K. H. STRIEDTER, *a. O.* Abb. 135.

25 Hdt. 4, 183, 4 und 4, 180.

26 Abb. in: *Sahara*, 237 Abb. 26. K. H. STRIEDTER, *a. O.* 57 Abb. 41 und Abb. 132.

27 Apoll. Rhod. 4, 1489–1493, BERNHARD, in: ROSCHER, *ML* 1/1 (1884/86) 204.

28 H. DESSAU, Art. *Garamantes: RE* 7/1 (1910) 751 mit Hinweis auf MÜLLER *FGH*, 294, 4 und *Schol. Serv. Aen.* 4, 198. Ferner TÜMPEL, Art. *Garamas: RE a. O.* 952 und STOLL, in: ROSCHER, *ML a. O.* 317 f.

29 Strabo 2, 131.

30 *Ebd.* 17, 835.

31 Hdt. 4, 183 rechnet 10 Tagesreisen von Augila aus; Plinius (*h. n.* 5, 26) gibt 12 Tagesreisen an.

32 Strabo 17, 838.

33 *Ebd.* 838–839.

34 Zuletzt F. CHAMOUX, *Du Silphion*, in: *Cyrenaica in Antiquity*, 165/72. DERS., *Le Problème du silphion: B Ant Fr* 1985, 54/59.
V. BELTRAMI, *Le tracce del silfio classico nell' odierna farmacopea saharina*, in: *L'Africa romana* 7 (1989) (1990) 81/87.
E. FABBRICOTTI, *Silphium in Ancient Art*, in: *Lib Stud* 24 (1993) 27/33.
C. P. PRESICCE, *La dea con il silfio e l'iconografia di Panakeia a Cirene*, in: *Lib Stud* 25 (1994) 85/100.

35 Strabo 17, 835, 19: Nach M. S. AYOUB, in: *Libya in History* (1968) 203 und Karte Seite 208, 222, war dies Amazonit, der nur im östlichen Fezzan als der einzigen Stelle in Afrika vorkommen soll.

36 Plin. *h. n.* 5. 35.

37 *Ebd.* 5, 37: *mons Gyri, in quo gemmas nasci titulus praecessit.*

38 J.-P. LEFRANC, *La géologie. Pline l'Ancien et l'histoire de Cornelius Balbus (20 av. J. C.). Nouvelles identifications*, in: *Histoire et archéologie de l'Afrique du nord III* (Paris 1986) 303/16.

39 In dem Namen wird Ammon greifbar.

40 Hdt. 4, 181, 3–4.

41 Bei Herodot sind die Ammonier Besitzer einer solchen Quelle: sie hieß Sonnenquelle.

42 Aug. *civ.* 21, 5, 7 und 21, 7.

43 Vgl. CIC. *Ad fam.* 32, 1–2 (Brief des Asinius Pollio an Cicero vom 8. Juni 43 v. Chr.)

44 B. E. THOMASSON, Art. *Africa Proconsularis: RE Suppl.* 13 (1973) 1. DERS., *Statthalter*, II, 11.

45 Plin. *h. n.* 5, 36.

46 Zur Person des Cornelius Balbus siehe E. GROAG: *RE* 4/1 (1900) 1270 f. und DERS. – A. STEIN, *PIR* II (²1936). Konsul ist er nie gewesen, vgl. auch B. E. THOMASSON, *Statthalter*, II. 11. *Fasti Capitolini* (ed. A. DEGRASSI), 110.

47 Plin. *h. n.* 5, 38.

48 *L'expédition de Cornelius Balbus au Sahara: Rev Afr* 98 (1954) 41/83.

49 LHOTE bevorzugt das in Codex E überlieferte Balsa (statt Galsa).

50 Darüber vgl. z. B. B. M. WHEELER, *Der Fernhandel des römischen Reiches in Europa, Afrika und Asien* (München – Wien 1965) 112/16. G. CAMPS, *L'âge du Tombeau de Tin*

Hinan, Ancêtre des Touareg du Hoggar: Zephyrus 25 (1974) 497/516. C. B. RÜGER, *Das Grab der Tin Hinan bei Abalessa/Algerien,* in: *Die Numider* (Köln–Bonn 1979) 251/54. D. ORFALI, *La nécropole d'Abalessa: Ebd.* 255/61.
Neuerdings M. BAISTROCCHI, *Reperti romai rinvenuti nella tomba di Tin Hinan ad Abalessa,* in: *L'Africa romana* 7 (1989) (1990) 89/99. D. GREBENART, *Le tombeau d'Abalessa: Ant Afr* 30 (1994) 261/270.

51 *Il Fezzan e i Garamanti,* in: *Il Sàhara Italiano,* bes. 277/85.

52 M. S. AYOUB, in: *Libya in History* (1968) 224 (eng. Resümee eines auf arabisch geschriebenen Beitrags).

53 *Le triomphe de Cornelius Balbus (19 av. J.-C.): Rev Afr* 101 (1957) 5/43.

54 *Pline l'ancien. Histoire naturelle livre* V 1–46, Teil 1 ed. J. DESANGES (Paris 1980).

55 J. DESANGES, *a. O.* 400–410.

56 Schon von A. C. Pallu de Lessert und J. Carcopino identifiziert: J. DESANGES *a. O.* 403, Anm. 2–6. Der antike Name lautete Thubunae; hier hielt sich der *comes Bonifatius* vor dem Jahr 427 ganz kurz auf und unterhielt sich mit dem hl. Augustinus. Erhalten sind das byzantinische Fort und weitere Ruinen, vgl. *les guides bleus – Algérie* (Paris 1981) 224, neuestens D. PRINGLE, *The Defence of Byzantine Africa from Justinian to the Arab Conquest, BAR Int S* 99 (I) (1981) 274/76.

57 So schon von P. Romanelli lokalisiert, vgl. J. DESANGES, *a. O.* 407 f. S. auch L. TEUTSCH, *Städtewesen,* 227.

58 Laut Mitteilung eines älteren Bewohners von Brak und unseres libyschen Begleiters Mohammed el Scheik, der aus der Gegend von Brak stammt, wurden dort keinerlei römerzeitliche Funde bekannt.

59 In diesem Sinn auch L. TEUTSCH, *Städtewesen,* 228.

60 Plin *h. n.* 36.

61 Siehe Anm. 38.

62 Nämlich zwischen den Garamanten und den Troglodyten, wie aus dem vorhergehenden Text zu schließen ist.

63 Vgl. Hdt. 4, 183. Siehe oben Anm. 7–8.

64 Man denkt dabei an die kurz zuvor (5, 38) erwähnten Räuber, die die Brunnen mit Sand bedeckten.

65 Zur Identität dieses Schriftstellers vgl. die kurzen Bemerkungen von W. SCHETTER: *Lex Ant* I/2 (1969 bzw. 1965) 132 f. P. L. SCHMIDT: *KlPauly* 2 (1975 bzw. 1979), 581 f.

66 Flor. 4, 12.

67 Verg. *Aen.* 6, 794–795. Zur Stelle vgl. E. NORDEN, *P. Vergilius Maro Aeneis* Buch VI (Darmstadt [7]1981) 324 f. Die beiden Völker symbolisierten im Stil des Enkomions das Ende der Welt; vgl. die ähnliche Auffassung z. B. bei Liv. 29, 33 und wiederholt bei Plin. *h. n.* 6, 209. 8, 111.

68 Cossus Cornelius Lentulus war 1 v. Chr., 5/7 oder 6/8 Statthalter der *Africa Proconsularis* (vgl. B. E. THOMASSON: *RE Suppl* 13 [1973] 1. DERS., *Statthalter,* II, 18 f.) und erhielt die *ornamenta triumphalia* (vgl. Vell. 2, 116, 2. R. HANSLIK: *KlPauly* 1 [1975 bzw. 1979] 1321 f.).

69 Zu L. Sulpicius Quirinius, unter dessen Statthalterschaft nach Lukas (2, 1.2) die von Kaiser Augustus angeordnete Volkszählung erfolgte, siehe E. GROAG: *RE* 4 A 1 (1931) 822/43 bes. 825 f.

70 P. ROMANELLI, *Storie delle province Romane dell'Africa,* 227/45. Dazu auch M. BENABOU, *La résistance africaine à la romanisation* (Paris 1976) 75/84.

71 Tac. *Ann.* 3, 74. O. DEVILLERS, Le rôle des passages relatifs à Tacfarinas dans les Annales de Tacite: L'Africa romana 8 (1990) 203/11.

72 Im folgenden Satz ist von den *pagi Cirtensium* die Rede, also vom numidischen Cirta, gegen dessen Gebiet Iunius Blaesus (der Sohn) in seiner Funktion als Legat zog, vgl. Tac. *Ann.* 3, 74.

73 Genauso wie während der Auseinandersetzung zwischen Caesar und den Pompejanern nach der Jahrhundertmitte v. Chr. unter den Leptitani von den einen Gelehrten die Bewohner von Leptis Magna, von den anderen die von Leptis Minor verstanden wurden (dazu vgl. L. TEUTSCH, *Städtewesen,* 61 f.). J. GASCOU, *La politique municipale de l'empire Romain en Afrique proconsulaire de Trajan à Séptime-Sévère* (Rome 1972) 80 f.

74 Zu Q. Iunius Blaesus vgl.: R. HANSLIK: *RE Suppl* 12 (1970) 510 Nr. 42. B. E. THOMASSON: *RE Suppl* 13 (1973) 3 *Statthalter,* II, 25. Die Inschrift wurde 1958 beim Leuchtturm von Leptis M. gefunden und in demselben Jahr durch R. BARTOCCINI, *Dolabella e Tacfarinas in una iscrizione di Leptis Magna: Epigr.* 20 (1958) 3/13 veröffentlicht. Vgl. auch M. F. SQUARCIAPINO, *Leptis Magna* (Basel 1966) 13 und B. E. THOMASSON, *Statthalter,* II, 26.

75 N. BEN LAZREG – D. J. MATTINGLY, *Leptiminus (Lamta): a Roman port city in Tunisia. Report no.* 1. *JRA Suppl.* 4 (Ann Arbor 1992).

76 Tac. *Ann.* 4, 23.

77 Was T. MOMMSEN, *Römische Geschichte* 5 ([5]1904) 633 = dtv-Ausgabe 7 (1976) 326 für selbstverständlich hält.

78 *Ebd.* E. RITTERLING: *RE* 12/2 (1925) 1665 f. A. BETZ, *Zur Diskolation der Legionen in der Zeit vom Ende des Augustus bis zum Ende der Prinzipatsepoche,* in: *Carnuntina, Röm. Forschungen in Niederösterreich* 3 (Graz – Köln 1956) 19.

79 Tac. *Ann.* 4, 25. Zu Auzia, dem franz. Aumale, vgl. C. LEPELLEY, *Les cités de l'Afrique,* II, 534/38 und Karte am Buchende. E. W. FENTRESS, *Numidia and the Roman army, BAR Int S* 53 (1979) 68.

80 Tac. *Ann.* 4, 26. *Garamantum legati raro in urbe visi.*

81 Tac. *Hist.* 4, 50, 4.

82 B. E. THOMASSON, *Statthalter,* II, 149/51.

83 . . . *Garamantas . . . gentem indomitam et inter accolas latrociniis fecundam* (Tac. *a. O.*). Mit dieser Formulierung greift der Historiker einen Feindtopos auf, den wir auch von Plinius in ähnlicher Weise verwendet finden: Vgl. Plin. *h. n.* 5, 38.

84 Dem Text nach befände sich der Ort in «Äthiopien». Einige Topographen fixierten ihn mit dem Tschad-See, vgl. z. B. L. P. KIRWAN, *Roman expeditions to the upper Nile an the Chad-Darfur region,* in: *Libya in History,* 253/58 bes. 255 f., während M. S. AYOUB, *The Rise of Germa, ebd.* 201 an Agadiz in Niger denkt. S. auch B. PACE, in: *Il Sàhara Italiano,* 291.

85 *Ptol. Geogr.* 1, 8, 4 (nach Angabe des Marinos).

86 Vgl. die Bemerkung von A. STEIN: *RE* 10/1 (1918) 676, der die Expedition von Leptis Magna aus ihren Anfang nehmen läßt, und B. E. THOMASSON, *Statthalter,* II, 160.

87 A. STEIN: *RE* 2 A/2 (1923) 1564 f. (Nr. 30) hielt die Identität der zwei von Marinos bei Ptolemaios genannten Expeditionen nicht für ausgeschlossen. Ob zwischen Septimius und Suellius Flaccus, dem Legaten Numidiens, 86/87 n. Chr., Identität anzunehmen ist, läßt sich nach C. M. DANIELS, *The Garamantes of Southern Libya,* 22 Anm. 30 mit Hinweis auf *IRT* 854 (aus Sirte) nicht sicher entscheiden, wogegen B. E. THOMASSON, *Statthalter,* II, 159 für eine solche eintritt.

88 Ptol. *Geogr.* 1, 8, 5.

89 Zu Marinos s. HONIGMANN: *RE* 14/2 (1930) 1767/96.

90 Vgl. die Darstellungen von Dromedaren auf den Felsbildern ungefähr seit der Zeitenwende: z. B. K. H. STRIEDTER, *Felsbilder der Sahara,* 60 f.

91 Siehe HONIGMANN, *a. O.* 1767 f.

92 Plin. *h. n.* 5, 38 *(. . . quod cum Oeensibus gessere initiis Vespasiani Imperatoris).* Dazu vgl. J. DESANGES, *a. O.* 412 f. Die Stelle bei Tacitus (*Hist.* 4, 50, 4) macht die von Plinius verwendete Präposition *cum* erst verständlich, wonach es heißen muß: zusammen (im Verein mit) den Bewohnern von Oea führten die Garamanten Krieg.

93 Z. B. Verg. *Buc.* 8, 44, vgl. auch Sen. *Her. Oet.* 1106 und Arnob, *adv. nat.* 6, 5.

94 Sil. ital. *Pun.* 3, 10.

95 Amm. 22, 15, 2.

96 Luc. *Phars.* 4, 334.

97 Sil. ital. *Pun.* 3, 10.

98 Prud, *c. Symm.* 2, 809.

99 Claud. *de cons. Stilicho* 1, 255.

100 Cor. *Joh.* 6, 198.

101 Luc. *Phars.* 4, 334, Cor. *Joh.* 6, 198.

102 Plin. *h. n.* 8, 178.

103 Plin. *a. O.*, wonach die Leute aus Kolophon und Kastabal Hundekohorten im Krieg einsetzten.

104 Luc. *Phars.* 4, 334 nennt sie nackt *(nudi),* während Sil. ital. *Pun.* 3, 10 das Bild von *«anhelantes»*-Garamanten zeichnet und damit auf die klimatisch schwierigen Bedingungen anspielt, denen die Garamanten unterworfen sind. J. D. DUFF übersetzt in seiner Silius-Edition in der *Loeb Classical Library* 1, 1969, 113 *anhelantes* mit *«thirsty»* (durstig).

105 Claud. *de cons. Stilicho* 1, 255 nennt sie flink und demütig *(velox, supplex).*

106 Vgl. z. B. H. RHOTERT, *Die Erforschung der Wüste,* in: *Sahara,* 122/31 (partim). H. SCHIFFERS, *Heinrich Barth auf dem Rückweg nach Tripolis: Ebd.* 350/54. H. BARTH, *Die große Reise. Forschungen und Abenteuer in Nord- und Zentralafrika 1849–1855,* hg. v. H. SCHIFFERS (Tübingen – Basel 1977). G. ROHLFS, *Quer durch Afrika. Die Erstdurchquerung der Sahara vom Mittelmeer zum Golf von Guinea 1865–1867,* hg. v. H. GUSSENBAUER (Stuttgart 1984).

107 Auf die Bedeutung des Fezzan hatte bereits A. FANTOLI, *Sull'età della pietra in Libia,* in: *Atti del I congresso di studi coloniali* Vol 2: Sezione I: *Storica-Archeologica* (Firenze 1931) 13 hingewiesen, siehe das Vorwort in: *Il Sàhara Italiano,* 243/45. Zur Erforschung allgemein vgl. auch die Artikel von H. WEISS, *Die Sahara im Licht der Geschichte,* in: *Sahara,* 104/21 und H. RHOTERT, *a. O.*

108 Vgl. neuerdings z. B. B. E. BARICH, *Nuove evidenze nell'area del Tadrart Acacus (Fezzan),* in: *Lib A* 15/16 (1978/79) 279/302. DIES., *Rock Art and Archaeological Context: The Case of the Tadrart Acacus (Libya): Lib Stud* 21 (1990) 1/8. A. MUZZOLINI, *Proposals for Updating the Rock-Drawing. Sequence of the Acacus (Libya): Lib Stud* 22 (1991) 7/30. DERS., *The rock paintings of Tikadiouine: Proc Preh Soc* 57/2 (1991) 21/34. J. L. LE QUELLEC, *Acheuléen évolue et Atérien,* in: *Libyca* 32/34 (1984/86) 117/37. F. MORI u. a., *Missione congiunta Libico-Italiana: Lib A* 15/16 (1978/79) 303/16. R. und G. LUTZ, *Erforschung unbekannter Felsbilder im Amsach Sattafet und Amsach Mellet im Südwest-Fezzan, Libyen,* in: *FS Inst. f. Ur- u. Frühgesch. Univ. Innsbruck,* hg. v. A. LIPPERT – K. SPINDLER (Bonn 1992) 305/15. DIES., Das Geheimnis der Wüste. Die Felskunst des Messak Sattafet und Messak Mellet, Libyen (Innsbruck 1995). Dazu vgl. die Besprechung von T. W. WYROLL: Lib Stud 27 (1996) 154/56.

109 B. PACE, in: *Il Sàhara Italiano,* 277/99. DERS., in: *Scavi Sahariani,* 149/200.

[110] G. CAPUTO, *Archeologia*, in: *Il Sàhara Italiano*, 303/30. DERS., in: *Scavi Sahariani*, 201/442.

[111] DERS., in: *Il Sàhara Italiano*, 305.

[112] C. M. DANIELS, *Excavation and Fieldwork amongst the Garamantes: Lib Stud* 20 (1989) 45/61.

[113] Die Schreibweise ist der in der deutschen Literatur gängigen angeglichen. Man liest auch Agial und Sciati besonders in der italienischen Literatur.

[114] So H. WEIS, *Der antike Fezzan – das Glacis des Limes Tripolitanus: ÖJh* 44 (1959) Beibl. 167 f. DERS., *Der Fezzan*, in: *Die Sahara und ihre Randgebiete. Darstellung eines Naturgroßraumes*, hg. v. H. SCHIFFERS (München 1971) 290/320 (mit weiteren Literaturhinweisen 318/20).

[115] *A. O.* und Prospekte des Amtes für Auslandsinformation (Tripoli), 1981, Blatt 1. *Map of the Socialist People's Libyan Arab Jamahiriya*, ed. by S. ALI HAJJAJI. 65 000 Einwohner gibt H. Schiffers in der Einleitung zum Artikel von H. Weis (Anm. 106) 290 an.

[116] Siehe *National Atlas of the Socialist people's Libyan Arab Jamahiriya* ([1]1978) 43/46, ferner H. WEIS, *Der Fezzan* (Anm. 114) 291/99. Spezielle Abhandlungen: E. BELLINI – D. MASSA, *A Stratigraphic Contribution to the Palaeozoic of the Southern Basins of Libya*, in: *The Geology of Libya* 1, 3/56. J. LORENZ, *Late Jurassic – Early Cretaceous Sedimentation and Tectonics of the Marzuq Basin: Ebd.* 2, 383/92.

[117] Vgl. Ptol. *geogr.* 4, 6, 30: Plin. *h. n.* 5, 36: *clarissimumque Garama, caput Garamantum*.

[118] Vgl. J. DESANGES, 394.

[119] Plan von Alt-Germa z. B. bei C. M. DANIELS, *The Garamantes of Southern Libya*, Fig. 8.

[120] M. S. AYOUB: *Libya Ant* 3/4 (1966/67) 255. Vgl. auch C. M. DANIELS: *Lib Stud* 4 (1972/73) 40.

[121] So C. M. DANIELS, *The Garamantes of Southern Libya*, 39 f.

[122] Siehe die Definition bei Paul. *ex Fest* 145, 25. Müll und die Belege angeführt von C. T. LEWIS – C. SHORT, *A Latin Dictionary* (1879, Nachdr. 1969) 1112. Abbildung bei O. BATES, *The Eastern Libyans* (London 1914) übernommen von C M. DANIELS, *The Garamantes of Southern Libya*, 41 Fig. 10.

[123] Vgl. den Plan bei C. M. DANIELS, *a. O.* Fig. 9.

[124] M. S. AYOUB, in: *Libya in History*, 197 f. Vgl. auch A. S. EL-AWSED: *Libya Ant* 5 (1968) 209.

[125] Die folgende kurze Beschreibung ermöglicht der Grundplan, den C. M. DANIELS, *The Garamantes of Fezzan*, in: *Libya in History*, Fig. 7 (aus 1965) abbildet.

[126] M. S. AYOUB, in: *Libya in History*, 197.

[127] M. S. AYOUB, in: *Libya in History*, 198 führt korinthische und ionische Säulen an.

[128] C. M. DANIELS, *The Garamantes of Southern Libya*, 38.

[129] *A. O.* 198.

[130] G. A. KRAUSE, *Zur Geschichte von Fesān und Tripoli in Afrika: Zs Ges Erdkunde Berlin* 13 (1878) 356/73 bes. 356/59.

[131] A. S. AYOUB, *a. O.* 197.

[132] G. A. KRAUSE, *a. O.* 359. Kanem's Zentrum lag am Tschad-See. Zur frühen Geschichte dieser Herrschaft vgl. z. B. R. und M. CORNEVIN, *Geschichte Afrikas von den Anfängen bis zur Gegenwart* (Frankfurt/M. – Berlin – Wien 1980) 138 f.

[133] M. S. AYOUB, in: *Libya in History*, 197 f.

[134] M. S. AYOUB: *Libya Ant* 3/4 (1966/676) 255. A. S. EL-AWSED: *Ebd.* 5 (1968) 209.

[135] C. M. DANIELS, *Excavations at Saniat Gebril. Wadi el-Agial, Fezzan: Lib Stud* 2 (1970/71) 6 f.

[136] Die Schreibweise ist jener in den Arbeiten von C. M. DANIELS angeglichen. Die Entfernung von dort in Richtung Alt-Germa beträgt etwa 3,5 km.

[137] Vgl. G. CAPUTO, in: *Scavi Sahariani*, 220/40.

[138] Einige wenige erwähnt von F. SATTIN, *Le incisioni rupestri di Kuleba e dello Zinkekra: Libya Ant* 2 (1965) 73/81.

[139] Hdt. 4, 191 f.

[140] Zu den Klimaveränderungen vgl. z. B. B. GABRIEL, *Klima- und Landschaftswandel der Sahara*, 22/34. DERS., *Desertifikation der Sahara in der Vorzeit?: Geomethodica* 5 (1980) 81/108. DERS., *Die Sahara im Quartär: Geogr. Rundschau* 34 (1982) 262/8. O. RONNESETH, *Felszeichnungen in Tibesti (Tschad) und Klimaänderungen in der Ost-Sahara: Prähist Zs* 61 (1986) 64/83.

[141] Vgl. Hdt. 4, 183.

[142] Vgl. z. B. F. MORI, *Zur Chronologie der Sahara-Felsbilder*, in: *Sahara*, 253/61. A. MUZZOLINI, *L'art rupestre préhistorique des massifs centraux sahariens. BAR Int S* 318 (Oxford 1986); dazu G. BARKER: *Lib Stud* 18 (1987) 158 f.

[143] F. SATTINI, *a. O.* Taf. 4 b.

[144] C. M. DANIELS, *Garamantian excavations*, 113/94. DERS., in: *Libya in History*, 261/70. *The Garamantes of Fezzan*, 37/66. DERS., *The Garamantes of Southern Libya*.

[145] Die Befunde in Alt-Germa unterschieden sich gänzlich von jenen in Zinchekra, die dort gehobene Keramik zeigt einige Berührungspunkte, ist jedoch nicht veröffentlicht.

[146] Eine griechische Inschrift bildet eine Ausnahme, die Namensangabe Aurelius ist zu vage für weiterführende Schlüsse. Siehe S. 73, Anm. 316.

[147] C. M. DANIELS, *Garamantian excavations*, Fig. 4, 37 = *The Garamantes of Fezzan*, Fig. 2, 9.

[148] *Garamantian excavations*, 122 ff.

[149] *Ebd.* 125, 142, 151.

[150] G. ROHLFS, *Quer durch Afrika*, hg. v. H. GUSSENBAUER (Suttgart 1984) 55

[151] *Ebd.* 163, 176.

[152] *Ebd.* 153 (Site 113).

[153] *Ebd.* 142 ff., Fig. 16 (Site 11).

[154] *Ebd.* 155 ff., Fig. 23 (Site 120).

[155] *Ebd.* 158, 156 Fig. 23 (Site 125).

[156] C. M. DANIELS, *Garamantian excavations*, 176 ff., Fig. 33 (Site 71).

[157] *Ebd.* 168, Fig. 29, 171 (Site 51).

[158] Vgl. *ebd.* 162 (Site 222), wo eine 1 m breite Türöffnung festgestellt wurde.

[159] F. SATTIN, *a. O.: Libya Ant* 2 (1965) Taf. 36 a.

[160] *Garamantian excavatians*, 178 (Site 72).

[161] F. SATTIN, *a. O.* 81.

[162] Mündliche Mitteilung von Abd. El-Nasser Mohammed Hegazy, Mus. Germa.

[163] T. E. HAEVERNICK, *Funde aus fernen Ländern: Helv* A 10 (1979) – 38, 50/7 mit Fundkarte. Nach der Autorin stammt die Augenperle aus St.-Sulpice jedoch vom Kaukakus. M. KUNTNER, *Funde aus fernen Ländern II. Zu den polychromen Glasperlen aus dem Fürstengrab von Rheinheim. Kr. St. Ingbert: Marb Stud Vor- und Frühgesch.* 7 (1968) 91/128.

[164] *Garamantian excavations*, 121.

[165] R. REBUFFAT, *Zella et les routes d'Egypte: Libya Ant* 6/7 (1969/70) 181/7.

[166] Vgl. *Garamantian excavations*, 117, 152 Fig. 22/225 (Site 119). Das von dort stammende Schüsselfragment aus grauem Ton, *a. O.* 152 Fig. 22/222, 154 entspricht der Form nach dem Typ Red Sliped Ware 6 nach J. W. HAYES, *Late Roman Pottery* (London 1972), vgl. auch *Excavations at Sidi Krebish Benghazi* (Berenice) III/1: P. M. KENRICK, *The Fine Pottery, Libya Ant Suppl* 5 (Tripoli 1985) 342 Fig. 64, B 603.1, 644. Gleiche Teller fand man als Grabbeigaben, siehe G. CAPUTO, in: *Scavi Sahariani*, 339 Fig. 129. *A. O.* 192 Fig. 41 (Übersichtstafel röm. Keramikformen).

[167] *Garamantian excavations*, 122.

[168] *Garamantian excavations*, 192 Fig. 41/396 (Site 109), 191 als «Genie Pot» von Daniels klassifiziert. Zum Typus allgemein vgl. z. B. G. BRAITHWAITE, *Romano-British Face Pots and Head Pots: Britannia* 15 (1984) 99/131 als Teil einer Dissertation derselben Autorin, eingereicht am Institute of Archaeology in London (1982).

[169] Vgl. W. TRAUTE, *Das Ende der Altsteinzeit in Nordafrika*, in: *Sahara*, 48/59, bes. 53 Abb. 22–23, 55.

[170] *Garamantian excavations*, 181/3.

[171] *Il Sàhara Italiano*, 307/9 und in: *Scavi Sahariani*, 213/18.

[172] G. CAPUTO, *Archeologia*, in: *Il Sàhara Italiano*, 307/9. DERS., *Scavi Sahariani*, 220/37.

[173] Die Arbeiten von M. S. AYOUB zitiert C. M. DANIELS, *Garamantian excavations*, 115 Anm. 2.

[174] Vgl. auch C. M. DANIELS, in: *Libya in History*, 264. DERS., *The Garamantes of Southern Libya*, 38 f.

[175] G. CAPUTO, *Scavi Sahariani*, 230/32. C. M. DANIELS, *Garamantian excavations*, 185. Ähnlicher Grundriß Haus Nr. 103, *a. O.* 187, Fig. 39.

[176] C. M. DANIELS, *Garamantian excavations*, 185/5, Fig. 38.

[177] *Ebd.* 187, Fig. 39, 189 f. (Site 105). DERS., in: *Libya in History*, Taf. 5.

[178] Verg. *Georg.* 3,475.

[179] G. CAPUTO, in: *Il Sàhara Italiano*, 308.

[180] *The Garamantes of Southern Libya*, 39 mit Anm. 81.

[181] Nach M. JANON, *Lambaesis. Ein Überblick: AW* 8/2 (1977) 5 war das Lager ca. 500 m lang und 420 m breit.

[182] Vgl. C. M. DANIELS, *The Garamantes of Southern Libya*, 42. DERS.: *Lib Stud* 4 (1972/73) 37 f.

[183] Z. B. Sall. *Jug.* 18,8.

[184] Liv. 29, 31, 8.

[185] Vgl. oben Seite 43, Anm. 122, unten Anm. 188.

[186] Vgl. C. M. DANIELS, *The Garamantes of Southern Libya*, 41, Fig. 10 nach O. BATES, *The Eastern Libyans* (London 1914).

[187] *Mosaïques Romaines de Tunisie* (Tunis 1982) 64 Abb.

[188] Sallust, *Jug.* 18,8 beschreibt die *mapalia* als Hütten, deren Dächer an die Form von Schiffskielen erinnern *(... aedificia ... oblonga incurvis lateribus tecta quasi navium carinae sunt)*, eine Beobachtung, die auf Autopsie beruhte und bei Betrachtung des Mosaikes aus El Alia einleuchtend erscheint. Daß das Dach dort einem Schiffsvorderteil gleicht, ist auf geringfügige Unterschiede im Aufbau der Mapaliadächer zurückzuführen.

[189] Vgl. F. RAKOB, *Numidische Königsarchitektur in Nordafrika*, in: *Die Numider* 119/71.

[190] Allgemein H. LAUTER, *Die Architektur des Hellenismus* (Darmstadt 1986) bes. 214.

[191] Vgl. C. M. DANIELS, *The Garamantes of Southern Libya*, 38, 40. DERS., in: *Libya in History*, 263, 265. G. CAPUTO, in: *Il Sàhara Italiano*, 308.

[192] C. M. DANIELS, *Lib Stud* 20 (1989) 45/61. Pläne 50 f. Fig. 5 f.

[193] G. CAPUTO, in: *Il Sàhara Italiano*, 394 f., Fig. 1 = DERS., in: *Scavi Sahariani*, 205 f.

[194] Vgl. G. CAPUO, *a. O.* 306 und die Bermerkungen von M. S. AYOUB: *Libya Ant* 3/4 (1966/676) 213 ff. und C. M. DANIELS: *Lib Stud* 4 (1972/73) 39.

[195] Vgl. z. B. H. WEIS, *Der antike Fezzan: Ö Jh* 44 (1959) Beibl. 175 f., Abb. 87.

[196] M. S. AYOUB, *The Royal Cemetery at Germa: Libya Ant* 3/4 (1966/67) 213/19 und C. M. DANIELS: *Lib Stud* 4 (1972/73) 39 f. *Ebd.* 8 (1976/77) 5/7. *Ebd.* 20 (1989) bes. 53 f. Fig. 8 f.

[197] Vgl. C. M. DANIELS, in: *Libya in History*, 266 f. DERS.: *Lib Stud* 2 (1970/71) 7. *Ebd.* 4 (1972/73) 39. DERS., in: *Libya in History*, 267.

198 C. M. Daniels, *The Garamantes of Southern Libya*, 34 f.

199 Vgl. z. B. G. Caputo, in: *Il Sàhara Italiano*, 314, Fig. 9. Ders., in: *Scavi Sahariani*, 363/73. S. Sergi, *ebd.*, Fig. 4 f. H. Weis: *ÖJh* 44 (1959) Beibl. 175 f., Abb. 87.

200 Vgl. G. Caputo, in: *Il Sàhara Italiano*, Fig. 1. Ders., in: *Scavi Sahariani*, 292/320.

201 M. S. Ayoub: *Libya Ant* 3/4 (1966/67) 213/19. B. E. Barich, *Uan Muhuggiag rock shelter (Tadrart Acacus) and the late prehistory of the Libyan Sahara*, in: *Late Prehistory of the Nile Basin and the Sahara* (Poznan 1989) 504 Fig. 6 bildet das Innere eines Grabes im Royal cemetery ab, äußert sich aber nicht dazu.

202 Vgl. z. B. die Inventare einiger Gräber in Saniat ben Howedi: C. M. Daniels: *Lib Stud* 4 (1972/73) 39. *Ebd.* 8 (1976/77) 5 f.

203 Siehe oben Seite 62 f.

204 Vgl. z. B. A. Windrath-Scott – M. Fabbri, *The horn in Libyan prehistoric art and its traces in other cultures: Libya Ant* 3/4 (1966) 233/39.

205 Vgl. M. S. Ayoub, *a. O.* Taf. 47/b, e. G. Caputo, in: *Il Sàhara Italiano*, Fig. 10–12, 315.

206 In: *Il Sàhara Italiano*, 305 wird die Mindestanzahl mit 45 000 angegeben, die in: *Scavi Sahariani*, 212 auf obige Zahl erhöht wurde. C. M. Daniels, in: *Libya in History*, Taf. 8. Ders., *The Garamantes of Southern Libya*, 34.

207 Vgl. M. S. Ayoub, *a. O.* 217 (Grab 20).

208 B. Gabriel, *Bauelemente präislamischer Gräbertypen im Tibesti-Gebirge (Zentrale Ostsahara): Acta Pr Hist A* 1 (1970) 1/28 bes. 5/11.

209 *A. O.* 9 f., Fig. 10 f.

210 *A. O.* 20.

211 C. M. Daniels, in: *Libya in History*, 267 Anm. 1.

212 H. Barth, *Reisen und Entdeckungen in Nord- und Central-Afrika in den Jahren 1849 bis 1856* (Gotha 1858) 164 f. Zu Barth vgl. z. B. H. Rhotert, *Die Erforschung der Wüste*, in: *Sahara*, 125 f., Abb. 3 und H. Schiffers, *Heinrich Barth auf dem Rückweg nach Tripolis: Ebd.* 350/54.

213 Vgl. H. Rhotert, *a. O.* 127 Abb. 4. Eine von Duveyrier angefertigte Skizze des Mausoleums bildet G. Caputo, in: *Scavi Sahariani*, 252 Fig. 40 ab. Dort Anm. 3–7 weitere Hinweise auf Lit.

214 Vgl. auch A. Merighi, *La Tripolitania antica*, II 153 f. (mit Lit.).

215 C. M. Daniels, in: *Libya in History*, 267 f., 281 f. Fig. 11 f. Ders., *The Garamantes of Southern Libya*, 35.

216 *Ebd.* 281 Fig. 11.

217 G. Caputo, in: *Scavi Sahariani*, 254/56.

218 Die dafür in Frage kommende Möglichkeit zeichnet sich beispielsweise am Mausoleum in Ptolemais ab, vgl. S. Stucchi, *Architettura Cirenaica, Monografie di Archeologia Libica* 9 (Roma 1975) 184/86.

219 G. Caputo, in: *Scavi Sahariani*, 260 Fig. 48.

220 Anm. 215 f.

221 *Ebd.* und G. Caputo, in: *Scavi Sahariani*, 257/62.

222 Zu den Grabmälern in Nordafrika vgl. F. Rakob, *Numidische Königsarchitektur* ..., in: *Die Numider*, 119/171 *partim.*

223 Vgl. *a. O.* 169 Abb. 106 f. nach D. E. L. Haynes, *An archaeological and historical guide to the pre-Islamic antiquities of Tripolitania* (4. Aufl. Tripoli 1965 und 1981) 157 Fig. 21. O. Brogan – D. J. Smith, *Ghirza*, 207 f.

224 Vgl. G. Caputo, in: *Il Sàhara Italiano*, Fig. 1 = *Scavi Sahariani*, Fig. 11.

225 In: *Scavi Sahariani*, 261.

226 Einige Pfeilergrabmäler wurden über einem kleinen Schacht errichtet, so daß eine Nachbelegung später nicht mehr möglich war; vgl. auch C. M. Daniels, *The Garamantes of Southern Libya*, 35. Ders., in: *Libya in History*, 268.

227 G. Caputo, in: *Scavi Sahariani*, 267 f. Fig. 53.

228 *A. O.* 267 *(«un mercante e pioniere romano»)*, 270.

229 Siehe in: *Libya in History*, Fig. 12. Die Grundrisse der anderen Mausoleen sind größer als jener von Gasr Uatuat.

230 In: *Scavi Sahariani*, 271/91 und in: *Il Sàhara Italiano*, 321 f.

231 *A. O.* 273 Fig. 58, 276 Fig. 61, 277 f. Fig. 62 f.

232 Den frühesten Terminus suggeriert eine Rippenschale (vgl. *a. O.* 283 Fig. 70), deren Verbreitung noch in das 1. Jh. n. Chr. fällt, vgl. z. B. B. Czurda-Ruth, *Die römischen Gläser vom Magdalensberg, Kärtner Museumsschriften* 65 (Klagenfurt 1979) 26/34. J. Price, *Trade in glass*, in: *Roman shipping and trade: Britain and the Roman Provinces*, ed. by J. du Plat Taylor – H. Clere, *CBA Research Report* 24 (1978) 71 f. *Die Spätzeit* (4. Jh.) zeigten nach Caputo, in: *Scavi Sahariani*, 289 Waren einheimischer Provenienz an, die in ähnlicher Ausführung in der «necropoli monumentale» vertreten sind.

233 Daß Inkubation der klassischen Welt sehr wohl bekannt war, lehrt – als klassisches Beispiel – das Asklepiosheiligtum in Epidauros. Allgemein siehe C. J. Classen, Art. *Inkubation: Lex Ant* II/2 (dtv 1970) 12 f.

234 Hdt. 4, 172, 3.

235 Vgl. oben Seite 58 und G. Caputo, in: *Il Sàhara Italiano*, 316.

236 Siehe G. Caputo, in: *Il Sàhara Italiano*, Fig. 14 und in: *Scavi Sahariani*, 322 Fig. 112, 327 f., Fig. 118, 347 f., Fig. 135, 354 Fig. 143, 356, Fig. 145.

237 G. Caputo, in: *Il Sàhara Italiano*, Fig. 10 f. Ders., in: *Scavi Sahariani*, 299 f. Fig. 89 f., 307 f. Fig. 97, 335 Fig. 125, 349 f. Fig. 140. C. M. Daniels, in: *Libya in History*, Taf. 8.

238 Vgl. z. B. G.-C. Charles-Picard, *Karthago*, 175 f. (Anm. 242). A. Winorath-Scott – M. Fabbri, *Libya Ant* 3/4 (1966/67) 233/39. Neuerdings vgl. z. B. W. Wolska, *L'interprétation du symbolisme de deux monuments de la Dacie Supérieure: Wiad A* 44 (1979) 55/60 in anderem Zusammenhang, doch mit Literaturhinweisen. Die punischen Denkmäler nun umfassend behandelt von J. Ferron, *Mort-Dieu de Carthage*, 2 Bde. (Paris 1975). Zum Thema vgl. noch K. Gross, *Menschenhand und Gotteshand in Antike und Christentum*, hg. v. W. Speyer (Stuttgart 1986).

239 Vgl. z. B. B. Brentjes, *Altorientalisches zur Geschichte des Handsymbols: Wiss Zs Halle* 17/6 (1968) 1/7.

240 In: *Il Sàhara Italiano*, 315. Der Gestus war der klassischen Antike geläufig, erfuhr aber dort einen Bedeutungswandel, wie J. Engemann, *Der «Corna»-Gestus – ein antiker und frühchristlicher Abwehr- und Spottgestus?*, in: *FS* f. B. Kötting, *Jb Ant Chr* Ergbd. 8 (1980) 483/98 nachgewiesen hat.

241 *Ebd.* Fig. 12 = *Scavi Sahariani*, 359 Fig. 150. Vgl. auch M. S. Ayoub: *Libya Ant* 3/4 (1966/67) Taf. 74/b).

242 Vgl. z. B. G.-Ch. Charles-Picard, *Vie et mort de Carthage* (Paris 1970), nicht numerierte Abb. zwischen Seite 304 und 305. Dies., *Karthago, Leben und Kultur* (Stuttgart 1983) Abb. 9. S. Moscati, *Die Karthager* (Stuttgart–Zürich, o. J. [1984]) 79 ff. Abb. G. Caputo, in: *Il Sàhara Italiano*, 315, erwägt sogar eine Verbindung mit Tanit. C. Rossignoli, Persistenza del culto betilico nell'Africa romana: L'Africa romana 9 (1991) 73/96.

243 Vgl. M. S. Ayoub: *Libya Ant* 3/4 (1966/67) 215 (Grab 3).

244 Vgl. G. Caputo, in: *Il Sàhara Italiano*, 315, Fig. 10. Ders., in: *Scavi Sahariani*, 307 f. Fig. 97 f., 309 Fig. 99, 350 Fig. 139. M. S. Ayoub, *a. O.* Taf. 74/b, e.

245 Ovid, *Fast.* 2, 523. Zum Thema vgl. Th. Klauser, *Die Cathedra im Totenkult der heidnischen und christlichen Antike* (jetzt Münster ³1971). P. Karpinski, *Annua dies dormitionis. Untersuchungen zum christlichen Jahresgedächtnis der Toten auf dem Hintergrund antiken Brauchtums, Europ. HS Schriften* R 23 *Theologie* 300 (Frankfurt/M. – Bern – New York 1987).

246 C. M. Daniels, *The Garamantes of Southern Libya*, Taf. 6/2. Ders., *Excavation and Fieldwork*, bes. 53 f., Fig. 8 f.

247 Vgl. O. Brogan – D. J. Smith, *Ghirza*, 87, 111, 114.

248 Vgl. z. B. P. Romanelli, *Topografia e archeologia*, Taf. 134b, 195a. W. Gessel, *Der nordafrikanische Donatismus: AW* 11/1 (1980) 10 Abb. 16. R. Guery, *La nécropole orientale de Sitifis* (Paris 1985) 44 Fig. 28.

249 Neuerdings darüber J.-M. Dentzer, *Aux origines de l'iconographie du banquet couché: RA* 1971, 215/58. Ders., *Reliefs au banquet dans la moitié orientale de l'empire Romain: Iconographie hellenistique et traditions locales: Ebd.* 1978, 63/82. Ders., *Le motif du banquet couché dans le Proche-Orient et le Monde Grec du VII au IV siècle av. J.-C., BEFAR* 246 (Rome 1982).

250 Vgl. z. B. P. Romanelli, *Topografia e archeologia*, 268. W. Gessel, *a. O.* 8. Zum christlichen Aspekt siehe M. Bouchenaki, *Fouilles de la nécropole occidentale de Tipasa* (Alger 1975) 43/45, 170 f.

251 In: *Il Sàhara Italiano*, 231/30.

252 In: *Scavi Sahariani*, 252/392.

253 *A. O.* Fig. 25 = *a. O.* (Anm. 251) Taf. 3/d.

254 In: *Scavi Sahariani*, 295, Fig. 83 f.

255 Grundlegend J. W. Hayes, *Late Roman Pottery* (London 1972). Ders., *Supplement to Late Roman Pottery* (London 1980). Zur «tripolitanischen» Ware vgl. nun G. Soricelli, ‹*Tripolitanian Sigillata*›*: North African or Campanian?: Lib Stud* 18 (1987) 73/87 und P. M. Kenrick, *a. O.* 88 (Anm. 257).

256 G. Caputo, in: *Il Sàhara Italiano*, 342 Fig. 24 = *Scavi Sahariani*, 257 f. Fig. 45. Zum Töpfer vgl. A. Oxe – H. Comfort, *Corpus Vasorum Arretinorum* (Bonn 1968) 378.

257 P. M. Kenrick, *The Fine Pottery, Excavations at Sidi Krebish Benghazi* (Berenice) 3, *Libya Ant Suppl* 5 (Tripoli 1985) 212 Fig. 37/X 104, 215. Zum Stempel aus einem Grab in Saniat ben Howedi siehe C. Tagart (Anm. 258) 148.

258 C. Tagart, *Roman Faience from the Vicinity of Germa: Lib Stud* 14 (1983) 148 mit Zitierung nach A. Oxe – H. Comfort, *CVArr.* SEX M F ist übrigens auch bei Misurata bezeugt: P. Arthur, *Hellenistic and Roman Sites at Marsa Gezirah, near Misurata: Ebd.* 125 Fig. 4, Nr. 42, 126.

259 Museum Germa, Ausstellungssaal (unpubl.).

260 Zu Banassac siehe die Literaturhinweise bei B. Pferdehirt, *Die römische Terra-Sigillata-Töpfereien in Südgallien, Kl. Schriften z. röm. Besetzungsgeschichte SW-Deutschlands* 18 (Stuttgart 1978) 14 f.; 60 f. Dies., *Die römische Okkupation Germaniens und Rätiens von der Zeit des Tiberius bis zum Tode Trajans, Untersuchungen zur Chronologie südgallischer Reliefsigillata: JbZMus Mainz* 33 (1986) 221/320.

261 Der Name wurde von Otto Fischbach geprägt: *Römische Lampen aus Poetovio*, in: *M Hist Ver Steiermark* 44 (1886) 10 f.

262 Siehe G. Caputo, in: *Il Sàhara Italiano*, 324 (Erwähnung) und in *Scavi Sahariani*, 329 f. Fig. 121 (Abbildung). Die Form entspricht etwa Typ VIII von S. Loeschcke, *Lampen aus Vindonissa* (Zürich 1919) oder Form 21 nach A. Leibundgut, *Die römischen Lampen in der Schweiz* (Bern 1977): Rundlampe mit Schnauze, reliefverziertem Spiegel und Ösengriff.

263 Siehe Anm. 255, 269.

264 Dies läßt sich anhand der unbekümmerten, öfters auch mit Fehlern wiedergegebenen unautorisierten Abformungen, die einem langsamen Schrumpfungsprozeß unterlagen, folgern: Vgl. W. V. HARRIS, *Roman Terracotta Lamps: The organization of an industry: JRS* 70 (1980) 126/45 bes. 138 f.

265 Darüber M. MACKENSEN, *Spätantike nordafrikanische Lampenmodel und Lampen: BayVgBl* 45 (1980) 205/24. DERS., *Produktion einer spätantiken Sigillatatöpferei in El Mahrine/ Nordtunesien: CEDAC Carthage Bull* 6 (1985) 29/39. DERS., Die spätantiken Sigillata- und Lampentöpfereien von El Mahrine (Nordtunesien), MünchBeitrVFrühgesch 50 (München 1993).

266 G. CAPUTO, in: *Il Sàhara Italiano*, 324 = *Scavi Saharini*, 329 f. Fig. 121.

267 P. M. KENRICK, *The Fine Pottery* (Anm. 257), Fig. 14/496–518.

268 J. DENÉAUVE, *Lampes de Carthage* (Paris 1974) 89.

269 Vgl. P. M. KENRICK, *a. O.*

270 Vgl. S. LOESCHCKE, *Lampen aus Vindonissa*. A. LEIBUNDGUT, *Die röm. Lampen in der Schweiz* (Anm. 262).

271 G. CAPUTO, in: *Il Sàhara Italiano*, 326 Fig. 21 und 26 = *Scavi Sahariani*, 313/16, Fig. 104a–105, 296 Fig. 85.

272 Form 125 nach K. GOETHERT-POLASCHEK, *Katalog der römischen Gläser des Rheinischen Landesmuseums Trier, Trierer Grabungen u. Forschungen* 9 (Mainz 1977) 216. Vgl. z. B. eine ähnliche Flasche aus Sopianae/Pecs (Pannonien): F. FÜLEP, *Sopianae* (Budapest 1984) 350 Taf. 30/1, 379 Taf. 59/3–4.

273 Die Ergänzung nach G. CAPUTO, nach dem der anderswo bezeugte Trinkspruch in einer Kurzversion hier überliefert vorliegt. Vgl. z. B. F. FÜLEP, *Sopianae*, 67 Fig. 22, Taf. 30/2 mit Hinweisen 67 Anm. 28, ferner S. TAU – M. NICU, *Ein beschrifteter Glasbecher aus der Nekropole von Barcea-Tecuci (4. Jahrhundert u. Z.): Dacia* N. S. 29 (1985) 165 f., Abb. 1–2, wo die Inschrift vollständig überliefert ist; in der Übersetzung: *Trinke, lebe schön, immerdar.* Vgl. F. FREMERSDORF, *Das Diatretglas aus dem Gräberbezirk des römischen Gutshofes von Köln-Braunsfeld: Köln Jb V Früh Gesch* 5 (1960/61) 24. P. LA BAUME, *Römisches Kunstgewerbe zwischen Christi Geburt und 400* (Braunschweig 1964) Taf. 7, 113. Die Verkürzung auf *kalōs pie* ist ebenfalls belegt, vgl. M. Bös, *Aufschriften auf rheinischen Trinkgefäßen der Römerzeit: Köln Jb V Früh Gesch* 3 (1958) 20/25, bes. 22.

274 In: *Il Sàhara Italiano*, 325.

275 Vgl. *Libya Ant* 3/4 (1966/67) bes. 215 (Grab 4).

276 So C. TAGART (Anm. 277) 84 mit Angabe der Gräber Nr. 17 und 42 (zu letzterem siehe C. M. DANIELS: *Lib Stud* 8 [1976/77] 6 ohne Erwähnung dieses vergoldeten Bechers). DERS.: *Lib Stud* 20 (1989) 53 f., Fig. 8 f.

277 C. TAGART, *A Glass Fishbeaker from Fezzan: Lib Stud* 13 (1982) 81/84. Form 51b nach K. GOETHERT-POLASCHEK, *Katalog d. röm. Gläser* (Anm. 272) 63 f., Taf. 40/241. DIES., *Römische Gläser im Rheinischen Landesmuseum Trier* (Trier 1980) 60 Abb. 26.

278 G. CAPUTO, in: *Il Sàhara Italiano*, Fig. 27a. b = *Scavi Sahariani*, 297 f. Fig. 86 f., Taf. 3a. b. Allgemein: F. FREMERSDORF, *Die römischen Gläser mit aufgelegten Nuppen, Die Denkmäler des römischen Köln* 7 (Köln 1962). Speziell dazu: L. BARKOCZI, *Spätrömische Glasbecher mit aufgelegten Nuppen aus Pannonien: Fol Arch* 23 (1972) 69/94. K. GOETHERT-POLASCHEK, *Römische Gläser a. O.* 59 Abb. 25.

279 Vgl. G. CAPUTO, in: *Il Sàhara Italiano*, 327.

280 G. CAPUTO, in: *Scavi Sahariani*, 322 Fig. 113.

281 Zum Thema neuerdings M. P. GALVE IZQUIERDO, *El amuletto falico con cabeza de toro de Varea* (Rioja): *Caesaraugusta* 57/58 (1983) 111/53.

282 C. TAGART, *Roman Faience from the Vicinity of Germa, Wadi el Agial, Fezzan: Lib Stud* 14 (1983) 143/54.

283 L. BURN, *The British Museum's Book of Greek and Roman Art* (London 1991) 202 f. Abb. 172. K. GSCHWANTLER u. a., *Guß und Form. Bronzen aus der Antikensammlung* (Wien 1986) 73 Nr. 73, Farbtaf. 4. Eine gleiche Attasche auf dem Fragment einer Tonsitula veröffentlichte J. W. HAYES, *Roman Pottery in the Royal Ontario Museum. A Catalogue* (Toronto 1976) 32 f. Nr. 151, Taf. 19 (Datierung: Ende 1. Jh. n. Chr.). Vgl. ferner *BollA* 1–2 (1990) 137 Fig. 4: Applique a maschera Dionisiaca auf einem Marmorkrater aus Ancona.

284 Cor. *Joh.* 5, 22–26.

285 Außer dem Götternamen Gurza gab es zwei gleichnamige Orte in *Byzacium* und *Proconsularis*, dazu siehe M. LEGLAY: *Kl Pauly* 2 (1975 bzw. 1979) 883 f.

286 C. M. DANIELS, *The Garamantes of Southern Libya*, 33.

287 O. BROGAN – D. J. SMITH, *Ghirza*. G. ZIMMER, *Ghirza – Grenzsiedlung am Limes Tripolitanus: AW* 12/2 (1981) 3/10.

288 In diesem Sinn äußerte sich R. REBUFFAT, *Dix ans de recherches dans le prédésert de Tripolitaine: Libya Ant* 13/14 (1986/87) 83 im Zusammenhang mit dem Baal (Jupiter)/Hammon-Heiligtum in Bu Ngem/Golaia.

289 M. S. AYOUB: *Libya Ant* 3/4 (1966/67) 219.

290 G. GARBINI, *Dedica neopunica a Caelestis da Tarhuna: Libya Ant* 13/14 (1976/77) 19 f. Zum Thema vgl. auch M. G. AMADASI GUZZO, *Les divinités dans les inscriptions puniques de Tripolitaine: Essai de mise au point: BCTH* 17 B (1984) 189/96, bes. 195.

291 O. BROGAN – D. J. SMITH, *Ghirza*, 224.

292 Siehe Anm. 284 und 289.

293 Darüber vgl. nun D. J. MATTINGLY, *The Laguatan: A Libyan Tribal Confederation in the Late Roman Empire: Lib Stud* 14 (1983) 96/108).

294 Zu der in Anm. 284 zitierten Passage vgl. auch A. F. ELMAYER, *The Libyan God Gurzil in a Neo-Punic Inscription from Tripolitania: Lib Stud* 13 (1982) 49 f. F. CUMONT, Art. *Gurzil: RE* 7/2 (1912) 1950 f.

295 S. SERGI, *I resti scheletrici delle antiche popolazioni del Fezzan ed il tipo dei Garamanti*, in: *Scavi Sahariani*, 443/534, Taf. 4/20. Siehe auch L. CIPRIANI, *Abitanti caratteri antropologici*, in: *Il Sàhara Italiano*, 355/82.

296 Vgl. auch D. FEREMBACH, *Histoire raciale de l'Afrique du Nord*, in: *Rassengeschichte der Menschheit*, hg. v. I. SCHWIDETZKY, 3. Lieferung *Afrika* 1 (München–Wien 1975) 91/140 bes. 120/2. DERS., *Histoire raciale du Sahara septent rional: Ebd.* 141/69 bes. 162 f. C. M. DANIELS: *Lib Stud* 4 (1972/73) 40. J.-L. LE QUELLEC, *L'art rupestre*, 7 f., 61 f.

297 C. M. DANIELS: *Lib Stud* 4 (1972/73) 39.

298 O. BATES, *The Eastern Libyans* (London 1914); vgl. auch C. M. DANIELS, *The Garamantes of Southern Libya*, 29/31.

299 Übersichtlich zusammengestellt in: *Sahara*, 418/31 und in Zeichnungen wiedergegeben 435/42, vgl. auch M. WEBER, *Die alten Ägypter und die Wüste: Ebd.* 339 Abb. 5.

300 C. M. DANIELS, *a. O.* 31.

301 Vgl. z. B. P. KANN, *Schmuck aus aller Welt. Aus den Sammlungen des Museums für Völkerkunde Wien (= Kl. Schriften Landschaftsmuseum Schloß Trautenfels am Steiermärkischen Landesmus. Joanneum* 11 (Trautenfels 1986) 10. Zum Thema siehe nun C. P. JONES, *Stigma: Tattooing and branding in Graeco-Roman antiquity: JRS* 77 (1987) 139/55.

302 S. AURIGEMMA, *I Mosaici di Zliten* (Roman 1926). DERS., Art. *Garamanti: EAA* 3 (1960) 791 f. mit Farbabb. B. PACE, in: *Il Sàhara Italiano*, Fig. 1 f. nach S. 296. L. FOUCHER, *Sur les mosaïques de Zliten: Libya Ant* 1 (1964) 9/20. Abbildungen z. B. bei P. ROMANELLI, *Topografia e archeologia*, Taf. 281a. C. M. DANIELS, *The Garamantes of Southern Libya*, Taf. 5. A. HÖNLE, *Das Mosaik von Zliten. Ein Munus für höchste Ansprüche: AW* 13/4 (1982) 22/28, vgl. auch DIES. – A. HENZE, *Römische Amphitheater und Stadien* (Feldmeilen 1981) 33 Abb. 8, 60/62. P. MAC KENDRICK, *The North African Stones speak* (London 1980) 155 Fig. 6.6. Vgl. auch G.-C. CHARLES-PICARD, *Karthago. Leben und Kultur* (Stuttgart 1983) 234.

303 S. PARRISH, *The Date of the Mosaics from Zliten: Ant Afr* 21 (1985) 137/58.

304 Gesamthöhe 28 cm, Höhe des Kopfes (vom Kinn zum Stirnschädel) 17,5 cm, max. Breite 15,8 cm.

305 C. M. DANIELS, *An ancient people of the Libyan Sahara* 249/65.

306 *A. O.* 252 Nr. 3 (dort die Lesung CURA?), Abb. Fig. 1.

307 Zur Gefäßbezeichnung vgl. W. HILGERS, *Lateinische Gefäßnamen, BJb Beih* 31 (1969) 54/56, 164 f. Nr. 130.

308 Der Name stünde dann für die Tätigkeit eines Faßbinders *(cuparius)*, vgl. z. B. *ILS* 7631 (aus Catania). Zu Cuparius als Namen vgl. A. MÓCSY et al., *Nomenclator provinciarum Europae Latinarum et Galliae Cisalpinae cum indice inverso*, Diss A Bud 3/1 (Budapest 1983) 94 f.

309 R. REBUFFAT, *Graffiti en «Libyque de Bu Njem» (Notes et documents* VII): *Libya Ant* 11/12 (1974/75) 165/87, bes. 187.

310 C. M. DANIELS, *An ancient people of the Libyan Sahara* (Anm. 305) 252 Nr. 5 f. Ein dritter Beleg fand sich in Form einer in einer Mauer eingeritzten Inschrift, *a. O.* 252 Nr. 6.

311 *IRT* 886.

312 *IRT* 899. O. BROGAN – D. J. SMITH, *Ghirza*, 123, 151, 260 f.

313 *A. O.* 253, 261 Nr. 24a.

314 A. F. ELMAYER, *The Re-interpretation of Latino-Punic Inscriptions from Roman Tripolitania: Lib Stud* 14 (1983) 86/95. DERS., *Ebd.* 15 (1984) 93/105. DERS., *The Centenaria of Roman Tripolitania: Ebd.* 16 (1985) 77/84.

315 Arnob. *Comm. ad Psalm* 104 (= PL 53 [1865] Sp. 481): *Cham vero secundus filius Noe e Rhinocoruris usque Gadira habens linguas sermone Punico a parte Garamantum* ... Vgl. auch A. F. ELMAYER: *Lib Stud* 14 (1983) 92.

316 C. M. DANIELS, *Garamantian excavations*, 182 f., Taf. 78 d. DERS., *An ancient people of the Libyan Sahara*. 257 Nr. 59. DERS., *The Garamantes of Fezzan*, Taf. 17 b.

317 Vgl. z. B. M. P. SPEIDEL, *The Roman Army in Arabia*, in: *ANRW* II 8 (1977) 687/730, bes. 703 ff. Zu den östlichen-orientalischen und afrikanischen Beziehungen vgl. z. B. E. EQUINI-SCHNEIDER, *Palmireni in Africa: Calceus Herculis*, in: *L'Africa romana* 5 (1987) (1988) 383/95. Allgem. darüber G. W. BOWERSOCK, *Roman Arabia* (Cambridge – London 1983) 107.

318 Vgl. z. B. R. HANSLIK, Art. *Aurelius: Kl Pauly* 1 (1975 bzw. 1979) 764. Zu den Aurelius-Inschriften in Tripolitanien s. *IRT* 240 (Index), vgl. auch Z. BEN ABDALLAH – L. L. SEBAI, *Index onomastique des Inscriptions de la Tunisie* (Paris 1983) 10 f., 59.

319 P. M. FRASER bei C. M. DANIELS, *a. O.* 182 f. bzw. 257.

320 C. M. DANIELS, *An ancient people of the Libyan Sahara*, 257, 261/65. G. CAPUTO, in: *Scavi Sahariani*, 300 Fig. 90.

321 Die Örtlichkeit einige Kilometer südlich von Ghat erhielt den Namen von den Inschriften: Tifinagh. G. A. KRAUSE, *Aufzeichnungen über die Stadt Chāt in der Sahara*, in: *ZsGesErdkde* Berlin 17 (1882) 266/337, bes. 336 f.

[322] H. Lhote, *Die Tuareg*, in: *Sahara* 356. Zur Sprache und Tifinagh-Schrift vgl. z. B. O. Roessler, *Die Numider. Herkunft, Schrift, Sprache*, in: *Die Numider*, 89/97 partim.

[323] *An ancient people of the Libyan Sahara*, 264 Nr. 47.

[324] M. Ghaki, *RIL* 72 B: *Une nouvelle inscription libyque a Borj Hellal* (1): *Africa* 9 (1985) 7/11.

[325] R. Rebuffat (Anm. 309) *a. O.*

[326] C. M. Daniels, *Garamantian excavations*, 122. Ders., *The Garamantes of Southern Libya*, 42. M. S. Ayoub, in: *Libya in History*, 204.

[327] Vgl. die diesbezügliche Frage von F. Chamoux und die Antwort von C. M. Daniels., in: *Libya in History*, 283 f.

[328] Zur sog. Kamelzeit vgl. z. B. K. H. Striedter, *Felsbilder der Sahara*, 60 f. F. Mori, *Zur Chronologie der Sahara-Felsbilder*, in: *Sahara*, 253/61.

[329] Diesbezüglich siehe J.-L. Le Quellec, *L'art rupestre*, 58 f.

[330] Plin. *h. n.* 8, 178.

[331] Vgl. z. B. H. Weis, *Der antike Fezzan – das Glacis des Limes Tripolitanus: ÖJh* 44 (1959) Beih. 179 f. Abb. 89. C. M. Daniels, *The Garamantes of Southern Libya*, 42, Ders.: *Lib Stud* 4 (1972/73) 40. G. Caputo, in: *Il Sàhara Italiano*, 309/11. Die Foggara-Technik fand in Numidien offenbar weite Verbreitung: Vgl. E. B. Fentress, *Numidia and the Roman Army*, *BAR Int S* 53 (Oxford 1979) 168/70, Fig. 10. Allgemein vgl. B. D. Shaw, *Water and society in the ancient Maghrib: Technology, property and development: Ant Afr.*, 20 (1984) 121/73. Ders., Environment and Society in Roman North Africa (Aldershot 1995).

[332] Außer dem im Fezzan vorhandenen Grund- und Schichtwasser (vgl. H. Weis, *Der Fezzan* [Anm. 331] 294; speziell siehe L. Dubay, *Ground Water in Wadi ash Shati, Fazzan – A Case History of Resource Development*, in: *The Geology of Libya* 3, 611/27; S. C. Sinha – S. M. Pandey, *Hydrogeological Studies in a Part of Murzuq Basin using Geophysical Logs: Ebd.* 629/33; M. Zaluski – K. E. Sadek. *Hydrogeology of Mesozoic Aquifers in the Western Part of Wadi al Ajal: Ebd.* 635/42) gibt es in Libyen beachtliche Ressourcen fossilen Wassers, das für größere Bewässerungsprojekte genutzt wird. Vgl. die Übersicht von P. Pallas, *Water Resources of the Socialist People's Libyan Arab Jamhiriya: Ebd.* 539/94.

[333] Vgl. Lucan, *Phars.* 4, 334. Cor. *Joh.* 6, 198.

[334] C. M. Daniels, *The Garamantes of Southern Libya*, 42. M. S. Ayoub, in: *Libya in History*, 204.

[335] M. van der Veen, *Garamantian Agriculture*, in: *The Plant Remains from Zinchecra, Fezzan: Lib Stud* 23 (1992) 7/39.

[336] Siehe S. 19 mit Hinweis auf Plin. *h. n.* 5, 36 und 38. Vgl. auch E. W. Bowill, The Golden Trade of the Moors (Oxford ²1978, ND 1970 bzw. 1978 28–44 (Kap. 3: Romans and Garamantes).

[337] C. M. Daniels, *a. O.* 41. Vgl. auch G.-C. Charles-Picard, *Karthago. Leben und Kultur* (Stuttgart 1983) 232.

[338] Zu den antiken Namen von Bu Njem siehe R. Rebuffat, *Gholaia (Notes et Documents VI)*: *Libya Ant* 9/10 (1972/73) 135/45. Ders., *Notes sur le Camp Romain de Gholaia (Bu Njem)*: *Lib Stud* 20 (1989) 155–167.

[339] R. Rebuffat – R. Marichal, *Les ostraca de Bu Njem: REL* 51 (1973) 281/286. R. Marichal, *Les ostraca de Bu Njem: CRAI* 1979, 436/52. Ders., *Les ostraca de Bu Njem: Lib Ant Suppl* 7 (Tripoli 1992). J. N. Adams, *Latin and Punic in Contact? The case of the Bu Ngem Ostraca: JRS* 84 (1994) 87/112.

[340] R. Rebuffat – R. Marichal, *a. O.* 285 f. Beide inschriftlichen Dokumente erwähnt nochmals R. Rebuffat, *Les fermiers du désert*, in: *L'Africa romana* 5 *(Sassari* 1987) 67.

[341] Grundlegend R. G. Goodchild, *The Roman roads and milestones of Tripolitania* (London 1948) und ein Überblick von demselben Autor, The Roman roads of Libya and their milestones, in: *Libya in History*, 155/71. Vgl. ferner H. Weis, *Die Sahara im Licht der Geschichte*, in: *Sahara*, bes. 118/21 mit Abb. 17. R. Rebuffat, *Au-delà des camps romains d'Afrique mineure: renseignement, contrôle, pénétration*, in: *ANRW* II/10 (1982) 474/513 partim. M. Milburn, *The Identity of some Structures on the Trans-Sahara «Bornu Route» in Southern Libya*, in: *Cyrenaica in Antiquity*, 277/86. Vgl. auch G.-C. Charles-Picard, *Karthago*, 231/33. A. Merighi, *La Tripolitania antiqua*, II 200 f. D. J. Mattingly, Tripolitania, 61/67.

[342] H. Barth, *Die große Reise. Forschungen und Abenteuer in Nord- und Zentralafrika 1849–1855* (Tübingen 1977) 56 ff. Vgl. auch H. Schiffers, *Heinrich Barth auf dem Rückweg nach Tripolis*, in: *Sahara*, 350/54 und H. Rhotert, *Die Erforschung der Wüste: Ebd.* 122/31. G. Rohlfs, *Quer durch Afrika*, hg. v. H. Gussenbauer (Stuttgart 1984) 90/95 partim.

[343] Siehe Anm. 114, 331.

[344] M. Reddé, *A l'ouest du Nil: une frontière sans soldats, des soldats sans frontière*, in: *Roman Frontier Studies* 1989, ed. by. V. A. Maxfield – M. J. Dobson (1991) 485/93. S. E. Sidebotham, A Limes in the Eastern desert of Egypt: Myth or reality?, ebd. 494/97.

[345] C. Maystre, *Découvertes récentes (1969–1972) près d'Akasha*, in: *Nubia. Récentes recherches*, red. v. K. Michalowski (Varsovie 1975) 88/92, bes. 91. Vgl. eine ähnliche Anlage in Fergana: N. G. Gorbunova – T. G. Obolduyeva, *Aral-Tepe settlement in Fergana: A Sbor Leningrad* 29 (1988) 82/96, die in das 2.–3. Jahrhundert n. Chr. datiert wird. Zu den Funden von dort vgl. *Rep Hermitage Mus* 53 (1988) 51/53.

[346] Vgl. B. Brentjes, *Akyr-Tasch, eine umayyadische (?) Residenz in Kirgisien*, in: *Archaeologia Iranica et Orientalis. Miscellanea in honorem L. Vanden Berghe*, hg. v. L. de Meyer – E. Haerinck, II (Gent 1989) 1001/6. Ders., Ein «syrisches Wüstenschloss» der Umaiyadenzeit am Talas in Kasachstan, in: Syrien – Von den Aposteln zu den Kalifen, hg. v. E. M. Ruprechtsberger (Linz 1993) 347/349.

Abbildungsnachweis

Abb. 123: M. Rebuffat. Alle übrigen Aufnahmen stammen, wenn nicht anders angegeben, vom Verfasser. Die Umzeichnungen der von C. M. Daniels veröffentlichten Pläne bzw. deren Zusammenstellung auf einen Maßstab besorgte Johann Matousek, Linz.

Adresse des Autors

Prof. Dr. Erwin M. Ruprechtsberger
Stadtmuseum Linz
Bethlehemstr. 7
A-4020 Linz
bzw. Institut f. Alte Geschichte u. Altertumskunde
Universität Salzburg
Sigmund-Haffner-Gasse 18 A
A-5020 Salzburg